主　编　黄海波

作　者　黄海波　雷永莉　黄　珊　闫　英
　　　　郭爱川　邢晓梅　王映东　彭　亮
　　　　蔡佩仪　刘　切　胡晓燕　张秀芝
　　　　张彩霞　赵春玲　常小平　李　莉
　　　　刘莎莎　常丽萍　高建东　高玉平
　　　　郭　悦　安志萍　刘　爽

摄　影　彭　亮　常小平　程克寒　南　杰

1978—2018

# 40件物品中的改革开放史

黄海波 主编

山西出版传媒集团
山西教育出版社

图书在版编目（CIP）数据

40 件物品中的改革开放史 / 黄海波主编 . -- 太原 :
山西教育出版社，2018.11
ISBN 978-7-5703-0179-9

Ⅰ . ① 4… Ⅱ . ①黄… Ⅲ . ①改革开放—历史—中国
Ⅳ . ① D616

中国版本图书馆 CIP 数据核字 (2018) 第 246707 号

40件物品中的改革开放史
40JIAN WUPIN ZHONG DE GAIGEKAIFANGSHI

责任编辑　刘晓露
复　　审　郭志强
终　　审　杨　文
装帧设计　王耀斌
印装监制　蔡　洁

出版发行　山西出版传媒集团 · 山西教育出版社
（地址：太原市水西门街馒头巷7号
电话：0351-4729801　邮编：030002）
印　　装　山西臣功印刷包装有限公司
开　　本　889 × 1194　1/32
印　　张　9.5
字　　数　233千字
版　　次　2018年11月第1版　2018年11月山西第1次印刷
书　　号　ISBN　978-7-5703-0179-9
定　　价　39.00元

# 前言

黄海波

这本书的产生缘于一个展览，而这个展览则缘于我在去年秋天萌生的一个念头。

2018年，正值庆祝改革开放40周年。我们这一代人亲身经历了改革开放的伟大历程，目睹了40年间社会生活所发生的巨大变化，也分享了时代发展的优渥恩泽。近几年，我一直在做历史文化保护的研究，所以就想，能不能策划一个展览，通过百姓日常生活的变迁来反映40年所取得的成就。当时的小心思是，许多庆典、活动可能会偏于重大、宏伟，而从日常生活切入，会是一个与众不同的角度。说实话，想是这么想，其实心里并没有多大把握。好在我一向秉持心动不如行动的信条，很快就邀集同道，放手做了起来。

太原美术馆王鼎馆长非常支持我的想法，他在美术馆为黄海波工作室辟了专门的办公地点，并提供了宽敞的储藏间。我们在公众号上发布物品征集的启事后，市民参与的热情出乎意料地高涨，在将近一年的时间里，不断来到工作室，送来他们珍藏的新老物件：破旧的图书、打补丁的衣服、图文漫漶的票证、整整齐齐的家庭账本、保养得当的老式自行车、高考准考证、计算尺、绞肉机、边境证、洗衣机、电视机……3000多件物品纷至沓来，几乎每一件物品都蕴含着一个生动的故事，每一个故事都让我们惊喜、惊叹。感谢我所在的太原日报社，在《太原日报》每日一期、《太原晚报》每周一期开专栏向广大读者介绍了这些美丽的故事，不仅扩大了我们这次行动的影响，也让更多的读者参与到捐赠与讲述之中。

2018年8月，“庆祝改革开放40周年 时尚回响大型实物展”在太原美术馆开幕。之后两个月的时间里，观众熙来攘往，络绎不绝。白发的老人在一块花布前流下了眼泪，儒雅的教师看到《第二次握手》后露出了会心的微笑，幼稚的儿童在时间线上写下了美好的心愿……所有这一切都让我有一种莫名的感动。我就想，展览总有结束的一天，而这些珍藏了许多人记忆的东西可能也会随风而逝，如果用一本书来铭记这一切，那么，一种永恒的意义就会得到保存。于是我开始了这本书的构思。为了与盛大的日子相呼应，我把它取名为《40件物品中的改革开放史》。

在我的想象中，这本书应该具备这样三个特征：首先，它是一本真实的书。回忆往往会给过去的事物镶上花边，所以在写作时要避免夸饰矫情，力求准确地还原事物的面貌，也就是说，如果这本书还有些许历史价值的话，我希望它是一部“信史”。第二，它是一本丰富的书。虽然范围选择为日常生活，但要尽可能表现出纷繁、多维的一面，要在40个故事里展现出时代发展的风云变幻。第三，它还是一本生动的书。真实的生活其实充满传奇色彩，只是很多时候内在的光芒会被日常的尘雾所遮蔽，只要仔细地挖掘，我们就会发现生活的缤纷绚烂。

正是在这样的思路指引下，我开始组织写作。在写作的过程中，我对其中的意义也有了进一步的认识。王阳明说过，百姓日用即为道。列斐伏尔说，从一个女人购买半公斤砂糖这个简单的事实，通过逻辑的和历史的分析，最后就能抓住国家和历史。一张发黄的光碟，一把褪色的吉他，都是岁月留下的秘密文件。它向我们展示的，是社会生活的横断面，化石一样的纹路，仿佛横陈在岩石中的巨大的谜语，让我们对当时的情境浮想联翩。甚至，每一个物件都是一个神秘的隐喻。它是对庸常现实的挑战，成倍地放大了我们对美好生活的向往和追求。40年前迎泽大街边的烟摊，公园门口的照相点，海子边叫卖牛仔裤的吆喝声，夜半时分伏案读书的身影……都预示了社会变革即将来临。变革和进步，并不总是轰轰烈烈、震天撼地，它经常寓于看似波澜不惊的日常之中。

这本书的写作者，是“庆祝改革开放40周年 时尚回响大型实物展”的策展人、志愿者和展品捐赠人。他们中间有记者、编辑、教师，有会计、裁缝、工人、办公室文员，都不是职业的写作者。也许正因为如此，他们具有了质朴、单纯的文风。照我看来，比起清词丽句的文学手法，这样的风格才和本书的主旨相一致。40位讲述者，他们身上的故事代表了成百上千人的生活经历，他们是40个故事的代言人，把我们带回过去，又带向未来。

一滴水可以反射出太阳的光辉，一个地方可以体现一个国家的风貌。在改革开放的历程中，每个人都沐浴着时代发展的阳光雨露，每一个小小的物件都折射出历史进步的勃勃生机。每一件物品都是神奇的回音壁，在这里，我们聆听到了改革开放的强劲足音——貌似平凡的日常生活，构筑起了民族的伟大梦想。

这是一份精心制作的礼物。我们把它敬献给改革开放的壮丽时代，敬献给变迁中的日新月异的太原！

# 目　录

## 拥抱世界



## 渴慕知识

## 聚焦家庭



## 追逐潮流

## 享受娱乐



## 恣游八极

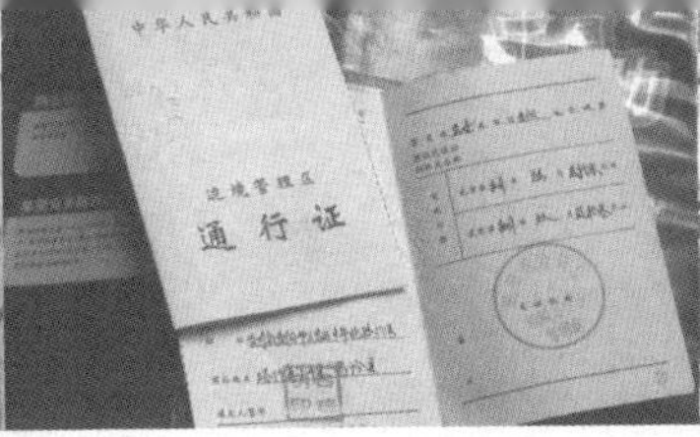

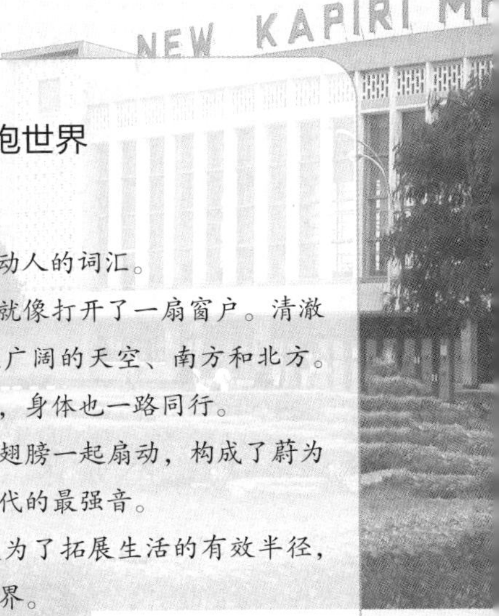


## 拥抱世界

这是时代大潮中最动人的词汇。

沉重的眼皮张开，就像打开了一扇窗户。清澈的目光扫过田野，扫过广阔的天空、南方和北方。思想跟随目光远涉重洋，身体也一路同行。

无数双渴望高飞的翅膀一起扇动，构成了蔚为壮观的景象，发出了时代的最强音。

开放，并不仅仅是为了拓展生活的有效半径，它重新定义了生命的边界。

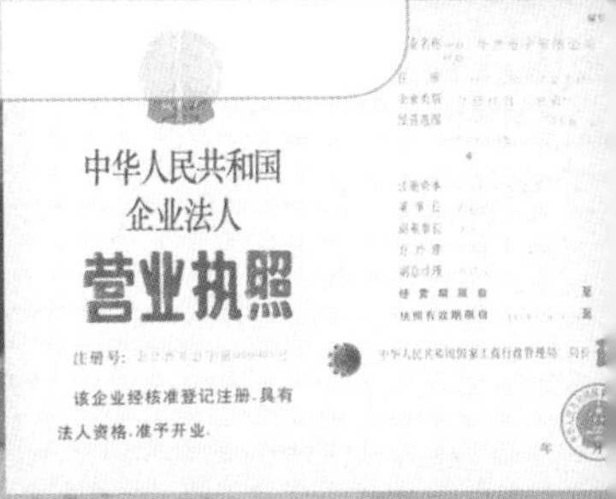

这件西装的主人背负祖国和人民的重托，飞到美国，学习理论物理；飞到曼谷，分享专业成果；飞到伦敦，飞到堪培拉……磨旧的衣襟难掩一位外交官的雍容气度，见证的是改革开放的新气象、大气魄。

实物提供：蔡佩仪

# 会飞的西装

讲述：蔡佩仪

我1958年毕业于北京师范大学物理系，1981年至1983年在美国留学，回国后被任命为山西省教育厅厅长。这套西装是我出国前在北京出国留学人员服务部做的。当时国家为每位公派留学人员提供800元制装费。我定做了一套西装、一套中山服、两件夹克、两条长裤，买了一件羽绒衣、两双皮鞋和几套秋衣秋裤，只花了400元；还剩下400元，相当于我当时7个月的工资。

下面说说我留美前后的故事。

## 一、圆少年时代留学梦

1978年6月，邓小平作出增派留学人员的指示，从此中国留学史掀开了新的一页。当年7月教育部下达通知，增选留学人员3000人，由本单位选拔，教育部统考。那时，我已过不惑之年，在山西师范大学任教育处长。

我小时候有两个梦想，上清华、留学。高考时，学校动员大家考师范，当老师，我主动放弃了上清华的梦想，被保送上了北师大。

上世纪80年代是一个黄金时代，人们的心中又一次扬起了理想的风帆。我有幸成为一名弄潮儿搏击其中，感受到了“人生难得几回搏”的紧迫和快乐。

1978年9月，我参加教育部组织的全国统考，第二年1月被录取为留美预备生。山西高校一共考上了11名。接下来的半年时间里，我到西安外国语学院参加外语培训。当时的学习十分紧张，120位学员中的80多人，包括我，都紧张到要服安眠药才能入睡。可谓“衣带渐宽终不悔，为伊消得人憔悴”。

1981年4月15日，我带着这套西装，登上CA981号航班的波音747客机，从北京经上海、旧金山飞到纽约，在纽约州奥尔巴尼市缅因南路36号安家落户，从此开始了两年的清教徒生活。

作为访问学者，除了自己并没有任何人（包括指导教师）能给你增加压力。但是，人民供养着你（当时，一个月400美元的生活费，相对于国内五六十元的月工资，是一个很大的数字），祖国期望着你。那种爱国思乡、怕无颜见江东父老之心在鞭策自己，那种想弥补20年蹉跎岁月的迫切感在激励自己。因此，我同许多留学生一样开始拼命学习和工作。

1981年4月，在纽约州立大学物理系举办的欢迎会上（左二为蔡佩仪先生） 蔡佩仪提供

到达奥尔巴尼市的第一天，老古、小何带我到超级市场King's和Price Chopper买了床上用具、锅碗瓢勺，只花了36.97美元（当时安置

费是 60 美元)。我同老古、老金三人合租一套两室一厅的单元房，客厅面积大，拉上帘子一隔，里面就成了我的卧室。“先行者”留下两个床垫，叠在一起就是一张床。拿出刚买的床单、枕头和两床腈纶毯子，睡的问题就解决了。早餐是两年一贯制的牛奶加麦片，煮开后泼上鸡蛋花，可算营养丰富、物美价廉，1 美元足矣。午饭在食堂解决，一餐 1.5 美元，饭菜、牛奶、果汁、饮料随便拿，买上一张饭卡就行了。晚饭自己做，两菜一饭，荤菜不是鸡就是鱼，连体的鸡大腿 29 美分一磅，比蔬菜便宜。每月饭费不到 100 美元，加上房租、水、电、气等费用，180 美元就够了，扣除合作医疗费 20 美元，每月可节余 200 美元，留作旅游和“八大件基金”，已是绰绰有余。两年里没有乱花 1 分钱，系里 5 美分 1 杯的廉价咖啡，我从未问津。

导师伊诺马塔(Inomata)教授是位美籍日本人，著名物理学家，治学严谨，学术精湛。刚到奥尔巴尼市那一天，他亲自驾车去车站接我，随即引见正、副系主任。当晚，邀好友设家宴为我接风，宾主亲切交谈到夜里 1 点半。第二天上班，我发现了教授的精心安排：在他的办公室里，他已经为我放好了办公桌、书架、柜子和办公用品，信封、信纸、稿纸等一应俱全，连红蓝铅笔都削好了。接着连续 4 天，他同我讨论进修计划，确定 3 项任务：围绕费曼理论和量子场论听五六门课；为回国开费曼理论课做好准备；每年在顶级刊物上发表一篇论文。

教授是一位“学而不厌，诲人不倦”的良师。他辛勤耕耘的精神，使我吃惊不已：白天工作 8 小时，夜晚学习 6 小时(晚 9 点至深夜 3 点)，几十年如一日。记得 1982 年秋的一个星期天，他约我去学校讨论一篇论文，让我在家等他。过了很长时间他才到，他不好意思地对我说：“对不起！我应该接上你一同去学校，可我把车开到了学校，走进办公室才发现你不在！”我笑着说：“看来，你还没有忘记办公地点，如果你忘记

1981年，同著名物理学家吴健雄（右四）、袁家骝（右五）夫妇合影于纽约州立大学（左三为蔡佩仪先生） 蔡佩仪提供

了，就赶上爱因斯坦了！”

在两年的研究工作中，由于他的精心指导，我完成了4篇论文，其中3篇发表在世界著名刊物《物理评论》《物理快报》上。我先后在美国物理学年会和曼谷国际理论物理会议上宣读论文，并以中国代表的身份担任了一次大会执行主席。回国前，我向伊诺马塔教授表示衷心感谢，并说自己这两年做得太少了，希望他今后继续给予指导。他幽默地说：“难道你想赶上爱因斯坦？”我笑答道：“那是不可能了。如果不耽误这么多年，我可能会赶上你的。”

## 二、满载而归

上世纪50年代至90年代，“三大件”是人们追求的物质财富。随着时间的推移，“三大件”从手表、自行车、缝纫机逐步提升到电视、冰箱、洗衣机。进入新世纪，“三大件”也有了新的内容（住房、汽车、电脑），但逐渐呈现多元化趋势（有人用“2+X”来表示，“2”代表住房和汽车）。

作为一个平常人，我也有物质追求，只是不那么贪婪而已。出国前，我家连早期“三大件”中的缝纫机也没有，缝补之事就偏劳妻子了。对此，我常有内疚之感。

当时，留学回国允许带“八大件”(手表、自行车、缝纫机、收录机、电视、冰箱、洗衣机，还有照相机)，这是多么令人向往、多么令人羡慕的物质财富啊！我的“八大件”是由中旅社代购的，在美国交钱，北京提货。当我从北京大华宾馆提出“八大件”，装满一辆三轮车时，路人羡慕地说：“这可是万贯家财，一辈子也挣不下这么多呀！”一个年轻人出价 1600 元要买我的 Sharp 收录机，其实原价按 1983 年的汇率只合人民币 360 元。

有道是“鼹鼠饮江不过满腹”。这“八大件”对我来说已经是“满腹”了。三十多年过去了，它们都还在继续服役，并没有像我一样退休。

这次赴美圆梦，不仅有物质的丰收，更有思想的丰收；不仅在物理专业上有了长足的进步，还增长了才干；更为重要的是，我开阔了眼界，有了一个新的视角和思索空间。

## 三、三件大事

1983 年 6 月，回到太原。1985 年，我率领山西省教育厅全体人员做了三件有战略意义的事情：一是安居工程。为 5 所直属高校一年盖了 48 座宿舍楼，一举解决了全部讲师、副教授、教授的住房问题。二是倡议设立山西省筹留学基金。经省政府批准，每年省财政拨款 150 万美元，选派留学生和资助回国留学生，至今已持续了 33 年。三是与拥有 25 万学生、11 名诺贝尔奖获得者的纽约市立大学，共同举办了中美教育交流会，先后召开了 12 次学术交流会议。安居工程，使教师安居乐业；派留学生和对外交流，目的是给山西高校插上双翼，让它展翅高飞。

## 四、这套西装劳苦功高

那时，我们的西装几乎都是蓝灰色的。为什么？因为想多省一点制装费，所以多数人只做一套西装，而不是一套深色、一套浅色，为了应付各种场合，就选取了中间色，以不变应万变。另外，西服上衣普遍是两粒扣子，没有三粒的，更没有双排扣的。

讲一个真实的笑话。1978 年 12 月 26 日，我国派出首批 52 名访问学者赴美。他们当晚到达华盛顿，受到驻美使馆人员的热烈欢迎和款待。然而离开时，他们却都找不到自己的大衣了，因为大家穿的都是当时国内流行的黑色银枪呢大衣，挂在一起，很难分辨。

再说说打领带这件小事。其实，细节往往很重要。对领带的极致描述是“领带是男人的第二张脸”。一条漂亮的领带，一个完美的领结扣，配上笔挺合身的西服，可以衬托出一位优雅男士的魅力和气质。

我的领带是熊猫牌彩色丝质领带，选得比较好，连澳大利亚总督海登见了都要赞赏一番。如何打好领带也是一门学问。常见到有的人领带系得松松垮垮，像是套在脖子上的绞索，给人以负面印象。为此，我在多种领结中选择了通用性强的平结，反复练习，到了得心应手的程度。从照片上看，我的衣着和领带还是不错的。

这套西装劳苦功高，伴我飞翔，飞向纽约，飞向曼谷，飞向澳大利亚，飞向英伦，又飞回太原。如今，它 38 岁，我 83 岁。

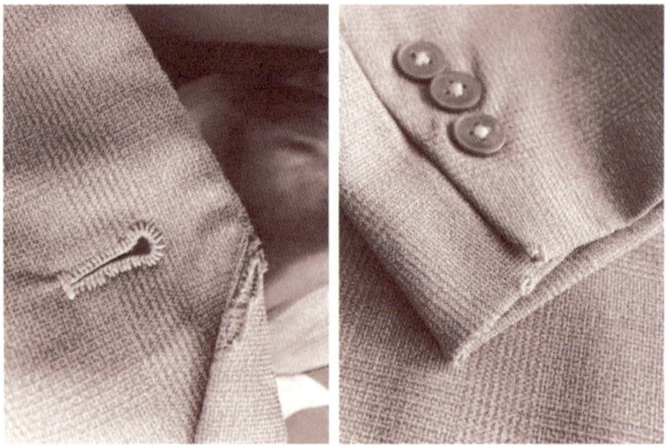

黄沙百战穿金甲，38 岁的西装老了　蔡佩仪提供

1994 年，告别伦敦，回到太原。有一天，我穿着这套自己喜爱的西装走在省

政府大院，碰见一位副秘书长，他关心地对我说："你的上衣边缘都起毛了。"啊，黄沙百战穿金甲，它同我一样，该退役了。

这套西装满载我的情，我的梦。回忆当年，思绪万千。我为它写了一首诗，题名《会飞的西装》。

## 会飞的西装

我是一套"38式"西装，
38年前诞生于出国人员制装厂。
怀着主人的梦想和荣光，
伴随他五洲四海飞翔。

初航——
81年乘波音从北京出发，
飞向纽约州立大学的梦乡。
感慨人生难得几回搏，
潜心探索费曼论量子场。
在校园的一次舞会上，
遇到一位金发女郎。
踏着飘逸的华尔兹舞步，
我听到了她对我的赞扬。

返航——
83年在企盼中回到晋阳，
他被委以重任成了教育厅长。

启动省留学基金和对外交流，
为山西高校插上腾飞的翅膀。
85 年首批省派留学生出港，
首次中美教育交流在晋祠启航。
从此交流会在太原纽约轮番举行，
我和他穿梭在越洋的蓝天上。

飞向曼谷——

89 年初我们飞往千佛之国。
在国王大学乳白色大会堂，
费曼理论的物理学家云集，
交流路径积分科学的新思想。
他是大会主席之一，
身着蓝灰色会飞的西装；
他宣读了高水平论文，
刊登在美国《物理评论》上。

飞向澳洲——

89 年他荣任驻澳使馆教育参赞，
飞往南半球考拉袋鼠的故乡。
大使馆位于国会山下格里芬湖畔，
仿古宫殿式建筑飞檐琉瓦金碧辉煌。
张大使同海登总督是好朋友，
共建起一年一度的交流互访。
在宴会上我的伙伴熊猫彩色领带，

受到了总督的青睐和赞赏。

飞向英伦——

91 年奉命转岗驻英使馆，
飞向梦里剑桥莎翁故乡。
心系英才做八千学子的知心人，
谈笑皆鸿儒他们是祖国的希望。
同他们在剑河碧波中荡漾，
那是难以忘怀的美好时光；
在白金汉宫贵宾席上举杯，
祝女王健康中英友谊地久天长。

归航——

在“霜叶红于二月花”的赠语中
94 年仲秋恋恋不舍地登上归航。
归来吧，六十花甲弹指一挥间！
别了康桥！别了英伦！心中阵阵惆怅。
有道是衣不如新，人不如故，
而我是如新如故会飞的西装。
有一天，我会伴着他——
高高飞翔，飞向梦想的远方。

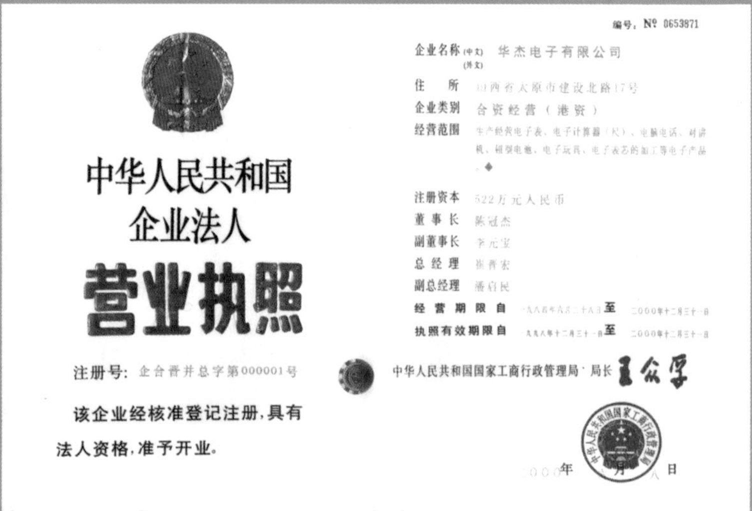

编号：№ 0653871

中华人民共和国
企业法人
营业执照

注册号：企合晋并总字第000001号

该企业经核准登记注册，具有法人资格，准予开业。

企业名称（中文）华杰电子有限公司
（外文）

住　所　山西省太原市建设北路17号

企业类别　合资经营（港资）

经营范围　生产经营电子表、电子计算器（尺）、电脑电话、对讲机、钮型电池、电子玩具、电子表芯的加工等电子产品。◆

注册资本　522万元人民币

董事长　陈冠杰

副董事长　李元宝

总经理　崔晋宏

副总经理　潘启民

经营期限自　一九八四年六月二十八日至　二〇〇〇年十二月三十一日

执照有效期限自　一九九八年十二月三十一日至　二〇〇〇年十二月三十一日

中华人民共和国国家工商行政管理局·局长　王众孚

〇〇〇年　月　八　日

1984 年 4 月 6 日，山西工艺美术厂、中国银行太原分行和香港东洋电子公司三家兴办的合资企业——华杰电子联营公司成立。这是山西省第一家合资企业，它创造了“华杰表，全国第一”的辉煌成绩，它所走的每一步，都在改革开放的历史上留下了深刻的印迹。

实物提供：崔晋宏

# 晋字 000001 号执照——华杰之路

讲述：崔晋宏

采访：黄　珊

2018 年 3 月，在东泰房地产公司董事长崔晋宏的办公桌上，我们看到一份很特别的营业执照，上面印着：企合晋并总字第 000001 号，企业类别：合资经营（港资）。它属于山西省第一家晋港合资企业——华杰电子有限公司。

## 一、第一个吃螃蟹的人

上世纪 80 年代，中国处于改革开放初期，各种新鲜事物蜂拥而至。许多外商、港商纷纷进入国内寻求合作伙伴。山西工艺美术厂与香港东洋电子公司开始有了业务上的联系，产生了生产电子表的想法。双方进行了一系列的市场调研分析。结论是乐观的：电子表在我国及国外大有市场。

1984 年 4 月 6 日，山西工艺美术厂、中国银行太原分行和香港东洋电子公司三家合资兴办的合资企业——华杰电子联营公司成立。作为山西省第一家合资企业的领导者，必须是年轻的、具有开拓精神的。反复考察后，太原市戏装刺绣厂副厂长崔晋宏被认定可担此重任。

办执照不是件轻松的事。崔晋宏的工作从跑手续开始，合作的批文和生产经营手续需要很多部门研究、审批。光是省里就盖了74个公章。省里的审批通过后，崔晋宏又远赴北京到国家经贸部、轻工部跑批文，历经四十多天的奔波，企业所需的各项批文算是齐备了。至此，山西省第一家合资企业——华杰电子有限公司在崔晋宏的带领下，开始走上了改革与发展之路。

在此之前，合资企业在整个山西谁也没尝试过。“每找一次相关部门，都是一次政策上、制度上的突破。”崔晋宏说。华杰的意义，在于它的很多行为，都是“第一次吃螃蟹”，为山西改革开放进程提供了许多具体的、可行的方式方法，具有开风气之先的探索意义。

英国《金融时报》称：“华杰作为一面旗帜，总是走在改革的最前面。”“华杰的做法是改革的信号。”香港《大公报》视“华杰为中国合资企业成功的典范”。

上世纪整个80年代的改革，可以说是中国改革开放的探路阶段，因为人们事先并不清楚改革究竟应该怎么进行，很多办法都是根据当时的具体情况和可能来制定的，先试验，后推广。

在公司成立之初，崔晋宏设立了严格的用工制度，140名工人要按规定完成工作后才能从试用期转正。公司有11名工人以前吃大锅饭习惯了，总想着少干事也能拿到和别人一样的工资，整天游手好闲，被劝说后还反驳滋事、屡教不改。厂方研究决定将这11名工人辞退。崔晋宏打破了“铁饭碗”！美联社、路透社、《大公报》先后发了电讯稿，认为此举意味着“吃大锅饭的时代已结束”。

合资企业应该怎样搞，并不是事先设计好的，是一个逐步探索的过程。华杰作为山西第一家合资企业，所走的每一步，都在历史上留下了深刻的印迹。

## 二、华杰手表，全国第一

1984年8月14日，华杰正式投入运营。厂址设在太原市建设北路17号，开始设计生产电子石英表。

上世纪80年代华杰电子联营公司厂址　崔晋宏提供

20世纪70年代，世界电子产业进行了第一次重大转移，电子制造业由美国、日本转移到了中国的台湾、香港等地。

普通百姓对电子表的认知,也源于日本和中国香港的产品。1973年，日本精工制造开发出世界上第一块液晶显示式数字石英手表“精工石英06LC”。70年代末，电子表通过地下渠道进入内地市场，广州、深圳的小商小贩向顾客兜售口袋里的走私电子表，一块只要十几二十元。

这样少的钱就能买块表，这对于习惯了一只表要戴一辈子的中国人来说，太有吸引力了。当时，绝大多数的年轻人要等到结婚才有机会在双方父母的资助下，买一对手表。当时典型的结婚彩礼叫“三转一响”，包括自行车、缝纫机、手表和收音机。甚至有新人因为想要手表的愿望得不到满足而放弃婚姻。如果他们知道世界上有十几块钱就可以买到的时髦手表，估计也不会执着于结婚时即使倾家荡产也必须有一块17钻的上海牌手表或者“海鸥”了。

与机械表相比，电子表款式更现代，计时更准确，不用每天上弦，价格还便宜。上世纪 80 年代初，人们到深圳，是一定要去中英街的，买衣料、买金货、买长筒袜，还有电子手表。有人在那里买过 5 块钱的手表，回来一戴，走得特别准，直后悔当时没有多买。

在华杰公司成立之前，国内的电子表市场几乎被广东、福建等沿海城市的电子企业垄断。怎么能让人们把目标转向华杰表呢？年轻的崔晋宏见解独到，提出了“人无我有、人有我新、人新我转”的品牌战略，亲自出马做市场调研。什么款式卖得好，什么款式年轻人喜欢，他都了然于胸。根据市场需求，华杰平均每个月都会推出两三种新款手表，成为同行业中品种最多、款式更新最快的企业。

华杰的产品推广并非一帆风顺，也曾受到过质疑，打入上海市场就颇具戏剧性。最初华杰公司在上海选择了一家商店作为代理商销售产品。上海公安部门查到大量走私“华杰”，源头直指山西，“山西出现了大规模走私集团！”于是上海的公安、工商、海关、检察院、法院五个部门联合出动，到太原进行调查。查看过所有的手续后，调查组感叹：想不到山西还真能搞出这种东西！随后，华杰表顺利地打开了上海市场，在很多家商店同时销售，令同行叹为观止。

### 三、荣誉加身

华杰表连续三年分别在美国洛杉矶、巴西圣保罗及欧洲共同体举办的电子产品展评会上获“品质优异奖”。在全国的 30 多个地市都有销售及售后网点，在当时的市场整体还未承诺“产品三包”的情况下，华杰产品在全国就开始推行包退、包换、包修的“三包”规定，赢得了市场信誉。

华杰表出名了，订单纷至沓来。

上世纪80年代末、90年代初是华杰公司发展的黄金时代。公司每月出口上百万只手表，每天前来提货的商家，从建设北路17号的华杰

华杰表种类繁多　崔晋宏提供

北京亚运会纪念表　崔晋宏提供

办公楼一楼，一直排到四楼，盛况空前。

1990 年，张桂珍女士在太原五一百货大楼一眼就看中了一块小巧精致的华杰电子表，金表款式，是当时最时兴的超薄款，标价 38 块。夏天到了，穿件连衣裙，配上这块表，特别有档次。一个办公室的几位同事，都跑去买了同一款式手表，只是表盘的颜色略有不同。当年戴块华杰电子表，就意味着自己跟上了时代潮流。

1991 年，去深圳出差的王睿花了 260 块买回一块石英表。亲戚朋友看到后都笑他舍近求远，大老远捎回来的却是咱们本地生产的东西。他说本来打算买块进口手表，可是看来看去，还是觉得华杰表好，款式新颖，性价比也高。华杰表在那个年代当真是响当当的名牌！不仅在山西，在全国都是尽人皆知。

有不少“80 后”的孩子记得上小学时开始流行同学过生日送礼物。

华杰出过一套12种生肖图案的塑料手表，造型新奇，售价低廉，成为当时最受青睐的礼品。

说全中国人手一块华杰表可能有些夸张，但每家平均一块差不多是有的。1990年，华杰电子表的销量跃居全国首位。截至1994年，华杰表在山西售出5000万只，全国销售近3亿只。

## 四、在合资企业上班的姑娘们

1984年，华杰电子联营公司成立，取得晋字000001号执照。

上世纪80年代，合资企业的汽车都是进口的皇冠、蓝鸟，挂着标志性的黑色牌照。合资企业的姑娘们穿着掐腰的西服套装，蹬着哒哒作响的高跟鞋，昂着头、目不斜视地走在路上。她们是中国的第一批白领，让中国人第一次领略到标准职业女性的风采。

如今在东泰房地产公司办公室任职的雷雪梅女士是华杰公司的元老级人物。1987年，她高中毕业，参加了华杰的招工考试，被分配在电脑车间工作，负责电子表芯的自动焊接程序。

看到流水线上不间断的电子表，她想起小学时看过的一本科幻小说——《小灵通漫游未来》。书中的主人、拥有一支巨型钢笔的记者小灵通收到了一件礼物——一块特殊的手表，“亮闪闪的荧光屏，邮票大小，既没有时针、分针、秒针，也没有齿轮和发条，只是在屏幕上显示着

《小灵通漫游未来》插图　黄海波提供

几个数字——11:23:40”。这块神奇的手表有个名字，叫“电视手表”。

“真的能有那样一块神奇的手表该有多好。”她在华杰电子公司上班后，看到了公司的产品，惊呆了：这不就是书里讲到的“电视手表”嘛！

在合资企业上班，不仅仅是工作环境好——当雷雪梅把第一个月的工资带回家时，老父亲感叹：才上班的丫头竟然比他这个工作了20多年的人工资还高！

## 五、从手表到房地产

随着华杰表名气越来越大，福建石狮一带的仿冒华杰电子表由南至北呼啸而至，作为主产地的太原也未能幸免，五龙口集贸市场、海子边市场、天龙包租柜台、新星包租柜台、长途汽车站包租柜台，都出现了大量的假冒华杰电子表。

1990年初，有人在石家庄新华集贸市场买到一只华杰表，戴了几天感觉不太对劲，它并没人们所说的那样好，于是写信投诉。接到信件，公司马上着手处理问题。检验后发现这只表根本不是华杰生产的。

崔晋宏第一时间意识到了问题的严重性，他在向工商部门举报的同时，也派出工作人员四处查访。但因进货渠道十分混乱，工商部门和华杰调查员的工作根本无法阻止假冒华杰表的泛滥。

上世纪90年代末，手机出现，更是直接冲击了手表市场。无论机械表还是电子表，都不再是必需品。虽然华杰电子表正值名扬四海、如日中天之时，崔晋宏以企业家的战略眼光敏锐地观察到电子表仅仅是一种周期性的低端产品，企业必须在市场经济的变化中转型。考虑到华杰在全国已有成熟的销售网，崔晋宏当时非常想尝试转型升级到手机制造业。“非常遗憾。我们无法取得准入证，也没有办法无限期等下去，企业不得不转型。”不能做手机，崔晋宏就改变思路，在1991年，创建了山西民营第一个集团公司——太原华杰集团，1992 年成立了房地产企业——山西东泰房产地公司。继而又成立了大昌汽修、华杰农业科技园、北京华科、华杰物业、大昌国际酒店等十几个新兴企业，公司成功转型。

华杰唱响三晋大地 30 年，崔晋宏一直站在山西首批改革者的前列。“伴人生旅途，记历史变迁，度岁月年华，留永久纪念”——“华杰”这个名字，和当年这句深情的广告语，赋予太原城以美好闪亮的记忆。

王二贵编译的《新日本语》是一本畅销 20 年的日本语教材。而他能做出这样的成绩，源于一本初级自学手册。从那一天起，他告别安逸，在暗夜的路灯下、在自行车的海洋中，磨炼自己，开始了一个逐梦人不畏山高路远的求索。

实物提供：王二贵

# 打开这本书，他看到了 12 年后的中国

讲述：王二贵

采访：黄海波

## 一、从一本小册子学起

1966 年，王二贵第一次接触到日语。他当时在《山西日报》理论部工作，那段时间部里给他分配的采访任务工作量不算大，他舍不得把这个时间浪费了，也不愿意参加各种批斗，就想学点儿知识。

那时候人们不学外语，即使有学的，学的也是俄语。为什么王二贵要学日语？那几年办公楼里没有秩序，书、杂志、稿件经常乱扔。就在一个书堆里，他捡到了一本《日语入门》，然后就从那个时候开始学日语的 50 个字母，后来又学习 102 个字母，就这样完成了日语入门。他说："如果当初捡的是《俄语入门》，可能我就学俄语了。"

王二贵从小喜欢看书，纵观中国历史，他很清楚地认识到，国际交流从来没有中断过。大家都知道清朝闭关锁国，那也要派人到英国去学习。在中俄边境重镇恰克图，有"一条舌头没饭吃，两条舌头混饭吃，三条舌头有饭吃"之说，也是在强调外语交流的重要性。王二贵想，现在虽然各方面都很混乱，但将来安定下来，一定会恢复国际交流，自己要是能掌握一门外语，总会用得上。

遗憾的是，这本小册子在他 1970 年下放时，不方便随身携带。等

他1972年回来，就怎么都找不到了。

1978年，伴随着改革开放大幕的拉开，中国向世界敞开了胸怀，人们的视野豁然开朗，强烈的求知欲和睁眼看世界的愿望，驱使人们如饥似渴地学习外语，外语热成为当时全民学习热的一个典型缩影。很多年轻人在灯下苦读,凭着一本书、“一块砖”（三洋卡式录音机）而自学成才。

当时学外语的人，都知道一个名字——苏阿芒。这位天津机床厂夜校的英文教师，是外语奇才，先后学会了英语、法语、德语、俄语、日语、意大利语、西班牙语、波兰语、瑞典语、捷克语、葡萄牙语、丹麦语、挪威语等21种语言，尤以世界语创作见长，被称为“年轻的天才的中国世界语诗人”。从广播里听到苏阿芒的事迹，王二贵学外语的劲头更足了。

## 二、畅销20年的日本语教材

除了自学，王二贵还四处打听，如何才能接触到正规的日语教育。从1979年开始，整整四年，王二贵和妻子乔庭荣风雨无阻，在山西大学外语教学楼日语教室旁听孙凤翔先生讲授的全部本科课程。两个人每天骑车子上下学，和其他学生一样，听课、写作业，孙老师很认真地给他们批改。

《新日本语》是王二贵在山西大学上课时使用的教材，日本原版，也就是只有日文，没有汉语。虽然有十几年日语学习基础，王二贵仍然感觉不轻松。与此同时，他听到很多学生埋怨，说教材只有日文，不能够完全正确理解书里的内容，大家都很渴望有个中日文对照的版本。

刚学完第一本，王二贵就产生了把它翻译成汉语的想法，“有了这个想法以后，我就到处打听，知道北京的所有院校、南开大学、东北师大、武汉大学、中山大学都在使用这套教材，学生们都希望有一个日汉对照的译本。我就下决心要翻译它。”

1972 年，王二贵被调到省出版局总编室工作。在翻译《新日本语》时他就想：“出版社出书是为了什么呢？出书当然是为读者服务，读者的需要就是出版社的追求。既然这么多学生希望有这套书的汉语译本，那我就满足他们的要求。”

外语教材的编译者可不是一般人，不是研究生、博士生，就是教授。王二贵连正规的大学学历都没有，怎么才能让自己的书比专业人士写得更受欢迎呢？王二贵分析了市场上能找到的各种日语教学书籍，注意到他们的做法都是把翻译成汉语的词汇、文章，放在书的最后。由此他想出了应对之策，全书内容采用日文、汉语两种语言对排。如果像当时已经出版的书那样把日文放在前面，所有的译文都放在后头，读者学习的时候看不上译文，心里就没有底。到目前为止，这套书仍然是全国唯一一套把日语、汉语对排起来的教材，非常符合学习者的使用习惯。特别是有了磁带以后，可以一边听磁带，一边看书，学习效果更好。

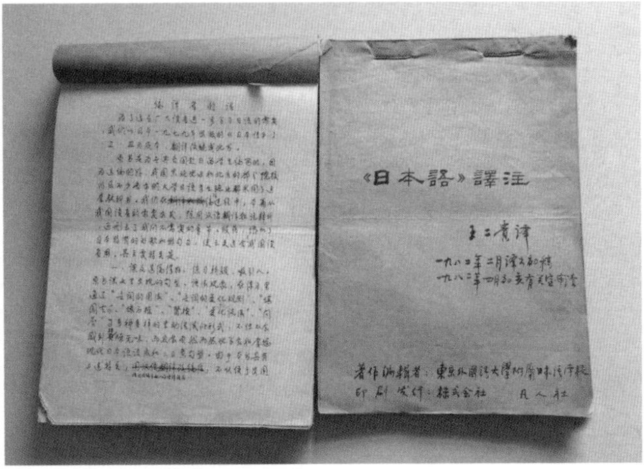


《日本语》译注手稿　王二贵提供

他还有另一个发现，就是有些翻译带有浓厚的方言色彩，不是标准的普通话。所以他要求自己的语言翻译务求准确，不是模糊的意译，而是准确的直译。

用了两年多时间，全书翻译完成，进入出版阶段。尽管商务印书馆、吉林教育出版社推出了高水平的译本，但王二贵的书仍以准确、实用而获得了读者的青睐。

每次再版前，他都要跑东北三省，跑全国各省市的新华书店、外文书店，收集读者的反映，作为下次再版的重要信息。他还拜访了全国各地的大学，征求教师和学生的使用心得。若非如此用心，这本书不可能在二十几年里多次重印和再版。

1993 年，他出版了第二套教材——《规范日本语》，之后又分别为不同程度的外语学习者编译了《出国日本语》《基础日本语》《入门日本语》等。《会话日本语》是受托于泰斗级日语教育大师小出词子而翻译的。王二贵与小出词子先生并不相识，小出通过日本开拓出版社联系到王二贵，表示希望他能把这本书译为汉语，并在中国出版发行。到目前为止，这本书的发行量已逾万册。

至今，王二贵已经出了好几十本书，种类越来越多。2015 年，他专门为小朋友们翻译了一本书，叫《少儿绘本课程》。年纪大了，他越来越喜欢孩子了。

2002 年，王二贵和妻子逛王府井大街，走进北京市外文书店。在楼上，他惊讶地看到自己的书，“很大一排，全部是我的书和磁带、CD，《新日本语》《规范日本语》，自修出国、自修会话、自修基础、自修入门等书和磁带排了五六米长。”2001 年，家里有亲戚在新加坡的书店还见到王二贵译的《新日本语》。亲戚在电话里夸奖他，王二贵谦虚地说着“不敢不敢”，脸上的笑容却荡漾开来。

## 三、学日语的情形就像攀登一座塔

1979年，上海人民广播电台恢复日语广播讲座，每天早晨6点半至7点半，王二贵坚持收听。他一般凌晨4点起床，赶在上班之前，听广播、自修三个半小时。晚上下班以后，学习到半夜十一二点。那时骑车上班，他专门做了个牌子，上面写上日语单词、句型，固定在车把上方，一路走一路背。深夜怕影响妻子和孩子休息，他就一个人站在路灯下，拿着书本念。刚开始警察还怀疑过他的身份，后来会主动走过来向他致意。

王二贵一直在强调，学好汉语是外语学习的基础。

1964年，他从山西省工业厅调到山西日报社。当时报社看中的不是文凭，而是写作水平，谁写得好，谁就能调过去。调动之前，王二贵当了好几年《山西日报》的通讯员。他谦虚地说："汉语的底子还是有一点儿的。我学日本语的经验体会是全世界各种语言都是我们的外语。汉语底子好，理解能力强，更有利于学习外语。"

在他自学日语的过程中，有过很多同行者。"很多人觉得日本语里有很多汉字，容易学，所以刚开始的情形像塔的底座，很大，人很多。学到后来，人越来越少，最后就没有同行者了。"他的朋友们也承认："宿舍区的人都知道老王在学日语，每天拿着书本念念叨叨，走路看书撞电线杆、挑着水桶却走到厕所的事大家都当笑话讲，没人当回事。没想到，最后真让他学成了。"

眼看着王二贵的书一本接一本地出版了，原来曾经一起学外语的朋友们都表示佩服，说："只有你有毅力，只有你能学下来。"

外交是一项神秘又光荣的工作。外交官的形象不仅代表个人，更体现民族的风貌和国家的形象，他们并非遥不可及，他们就在我们身边。这幅来自赞比亚的铜版画，见证了一位中国女性驻外四年的历程和故事。

实物提供：王映东

# 来自赞比亚的礼物

讲述：权　涛

采访：王映东

这幅铜版画是一位好友赠送的，她曾在赞比亚工作了四年，离开前在首都卢萨卡的一家铜器工艺店买下了这件作品。

一提到赞比亚，大家可能会想到中国援建的坦赞铁路，地理学得好的同学可能还记得它"铜矿之国"的美誉。作为世界第四大产铜国，铜与赞比亚人的生活紧紧相连，家里的灯、酒杯、酒壶、果盘、汤钵、茶杯等，全是铜制品，其中最负盛名的就是铜版画。

## 一、为这一时刻而准备

2002 年，偶然听同事提起对外经贸部要在全国招驻外使馆的秘书，符合条件的可以在省经贸厅报名。"英语好，会写作，综合能力强是基本的要求。"权涛说。她觉得这个机会就是为自己准备的。

她已经积累了 10 年的外贸工作经验。1987 年，权涛考入山西经济管理学院（现山西财经大学南校）国际贸易专业，1991 年毕业分配到一家省属国有大型进出口公司。那时候，外贸公司可是香饽饽，好多人打破脑袋都不一定能进到这样的公司，她觉得自己很幸运。

1995 年，权涛结婚了。她和爱人商量好，不急着要孩子。她心里一直有个梦想，就是出去闯一闯，看看外面的世界。她说："毕业后没敢停止过学习，学日语，考托福，虽然不知道有没有机会用得上，但知识是自己的错不了。"

1998 年 6 月，她发现自己怀孕了，惊喜之余又有点犹豫，可是看到爱人欣喜若狂的样子，她决定坦然接受命运的安排。1999 年 3 月，孩子呱呱坠地，权涛的生活目标转成带好孩子。

偶尔闲下来，她也有点不甘心，自己还年轻，还有拼搏的动力，一辈子的生活不该是这样，"为什么要待在这个地方一成不变地生活下去呢？"

2001 年，她无意中看到一条联合国招聘工作人员的信息，对比了一下，条件都够，就是年龄要求在 30 周岁以下，她刚刚超龄。"怎么没有早点知道这个信息呢？"她觉得特别遗憾。

所以当她听说对外经贸部在全国招驻外使领馆的工作人员，一下就心动了：这次我一定要去试试。

## 二、站在新起点

她一个人悄悄在省经贸厅报了名，递交了申请表。三个月后，到对外经贸部参加考试。笔试、面试考下来，自我感觉不错。春节前，她接到通知，要求各地选拔出的驻外工作人员到北京经贸干校参加为期一个月的封闭式集中培训。培训的主要内容包括政策法律法规、外事纪律、外交礼仪以及经贸专业知识等，白天培训，晚上讨论，学习强度非常大。重回学习生活，权涛感到久违的兴奋。

培训结束，她回到太原，很快收到派驻通知单，她这才知道自己即将被派往赞比亚。"说实话，跟心理预期还是有点落差的。当时派驻的大使馆大致分几个档次：一类馆就是美国、加拿大以及欧洲国家，二类馆主要是亚洲国家，三四类馆就是条件相对艰苦一些的国家。”后来她才知道，赞比亚因气候宜人，国家和平，跟中国的关系非常友好，所以条件相对不错，属于二类馆。

从权涛到北京参加培训开始，家里的空气在悄悄地发生变化。爱人对权涛的选择很支持，他理解妻子心中的梦想，而权涛的妈妈想的就实际多了："孩子这么小，你这一走好几年，孩子得多受制！”权涛左思右想，四处打听，终于打听到了一家条件较好、可以全托的幼儿园。“尽管当时我也考虑到把孩子带出去，但是刚到一个全新的岗位，需要尽快熟悉业务，了解对方国家的相关情况，压力还是很大的，怕自己应付不过来；另外非洲国家疾病比较多，医疗水平有限，疟疾又是一个大问题。思前想后，把孩子送全托幼儿园是当时能想到的唯一可行的办法。”

## 三、赞比亚四年

2003 年 7 月 23 日，权涛开始了驻外使馆工作人员的外交生涯。北京到卢萨卡没有直航，要从北京先飞新加坡，之后转机到约翰内斯堡，最后再飞到卢萨卡，全程三十来个小时。从北京走的时候还是炎热的夏天，一路上经过四个季节，到达卢萨卡时居然是冬季。

初到赞比亚，权涛感觉这个国家很荒凉，像是个没有开发出来的大草原。不过卢萨卡毕竟是首都，高楼大厦还挺多，街道两边是开满鲜花的行道树，环境整洁，没有想象中那么差。中国大使馆位于市中心的使馆区。

权涛开始在中国驻赞比亚使馆经济商务参赞处工作，任职三等秘书。工作内容包括协助中资企业落户发展、国家对外援助项目、双边贸易，其中援外是非洲工作的重点。政府一直在鼓励国内企业走出去，所以她接待了不少国内的考察团。权涛介绍说："他们来了之后一般会向使馆

2004 年 4 月 30 日，坦赞铁路的起点新卡车站（NEW KAPIRI MPOSHI） 权涛提供

报备，我们给他们解读赞比亚的外资优惠政策，介绍适合的投资项目，万一出现什么问题我们要出面协调解决。”2006 年，权涛接待了农业部派出的考察团，带他们跑了好几个省，进行实地考察，并最终促成他们在赞比亚的投资项目。

在使馆工作，听上去高大上，实际上很多时候非常枯燥。由于条件限制，当时使馆的办公区和生活区是在一起的，前面办公，后面住宿，一天到晚基本上都在馆里待着，低头不见抬头见的就是那几个人，难免觉得沉闷。周末出去需要提前申请，去外面转转放松一下，释放些压力。有一次逛商场，权涛见到中国生产的一款“波导”手机，体积小，外型漂亮，特别稀罕，很受当地人欢迎，觉得特别自豪。她感叹：“物美价廉的中国商品确实给非洲消费者带来了实惠。”

在使馆里，吃的喝的基本和国内一样，馆内需要什么物资，向国内报计划，由国内统一采购好，集装箱发过来。他们每天馒头、米饭、面条调剂着吃，生活上是不受委屈的。不过，那时的条件没现在这么便利，对于爱吃零食的人来说就不方便了。有些东西，权涛在国内也不一定喜欢吃，但出去吃不上就开始馋了。等她快回国时，赞比亚有了中国超市，买东西方便了很多。

当地没有中文书籍和杂志，使馆为丰富大家的业余生活，在国内订阅了很多杂志，像《十月》《当代》《小说月报》等，随集装箱一起发过来。每次集装箱一到，大家就特别兴奋。当时还没有视频网站，想看国内热播连续剧，也只能等国内发运过来的光盘。权涛记得当时在使馆和同事们一起看《武林外传》，印象非常深刻。

在卢萨卡，权涛主要靠网络电话跟国内联系，但信号不太好，当时还没有视频。按规定，使馆工作人员一星期可以跟家里通一次话。当时的主要通信方式是发邮件，流行用 Hotmail 和雅虎邮箱。QQ 刚兴起，是新兴事物，她还不太会玩。

时光匆匆，四年的任期一转眼就到期了，考虑到父母年事已高需要子女照顾，爱人工作繁忙需要分担压力，孩子也已上学需要辅导，2007 年 9 月，权涛结束了在赞比亚的外交官生涯，离开了工作、生活了四年的赞比亚，回到了祖国，回到了家乡。

权涛穿着当地女性的日常服装在赞比亚农展会上留影　权涛提供

## 四、被时光雕塑过的人生

权涛由于工作认真、努力，在赞比亚四年收获很大，被评为驻外使馆先进工作者，提升为二等秘书，并光荣地加入了中国共产党。驻外使馆的工作经验，让权涛感觉自己的整个人生观都不一样了，看问题的视野、角度、想法都不一样了，“以前的视野是个人的、家庭的、小范围的，现在是集体的、国家的、大范围的、国际的。看事情、思考问题不能仅仅局限于表面，要从全局出发，要有大局观念。当然损失也是有的，主要是家庭亲情方面，回国后用了好几年时间花费了很大精力才弥补上。”

在卢萨卡的四年里，权涛见过两次孩子。“2005 年春节，孩子和他爸一起来赞比亚探亲，当时孩子刚 6 岁，特别好玩，看见什么都新鲜，都好奇。2006 年夏天，孩子和姥姥再来赞比亚的时候，特别逆反，说什么都不听，总反着来，我当时真想把他留下，留在我身边，在当地上学。申请都打了，馆里报上去，部里也批了，可我妈妈说这不行，你这边没人帮你，你每天管孩子，工作肯定得受影响，不能因为个人的原因影响了国家的事情，最后还是让我妈妈把孩子带回去了。”

四年任期到了之后，权涛很想转到其他国家的使馆继续工作，但妈妈在电话里认真地和她说：“你再不回来，不仅孩子和你不亲，你这个家可能也保不住了。”按政策，家属可以随配偶一起驻外，但不能在当地工作，而权涛的爱人当时在国内的事业发展得非常顺利，权衡再三，权涛还是回来了。

回来之后，权涛和孩子之间关系的修复和重建花了一段时间，“开始时只是简单的日常对话，沟通很少，孩子不让我检查他的作业，更不可以看他写的作文。在他心里，只有一直带他的奶奶可以看他写的心里话，妈妈是外人。”为了增进母子之间的感情，权涛开始每天接送孩子上下学，跟孩子聊他感兴趣的话题，陪孩子做他喜欢的事情。慢慢地，孩子敞开了心扉，愿意把学校的事情讲给妈妈听了，也愿意和妈妈分享他的喜怒哀乐。

有一位外交官母亲，孩子其实是很自豪的，只是平常不表现出来。班主任老师对权涛说：“孩子原来在学校不吭气，有什么事不说，你回来之后他的性格一下子就放开了，话特别多，小伙伴都围着他转。”

权涛和爱人有意识地每年都带孩子出国走走看看，培养他的国际视角。在母亲的影响下，孩子的独立意识、自理能力都很强，早早就对自己的未来有了明确的规划。高中上国际班，准备托福和SAT考试，去北京、杭州参加培训，去台湾、新加坡参加考试，都是他自己报名、订机票和酒店。2017年，孩子如愿去了美国波士顿，学校和专业都是自己选的，家长只是提供了参考意见。

回国之后，权涛发现赞比亚这块热土对多数中国人来说还是相当陌生的，去赞比亚游览的中国人为数不多，很多投资者找不到赞比亚的商机，她觉得应该为中国和赞比亚的交流做点事情。正好以前一起工作的经商处的同事也有此意，大家一拍即合，经过几个月的努力，《赞比亚指南》出版了。

“我还想为中赞的经济文化交流做更多事情。”权涛说。

《赞比亚指南》 权涛提供

一个普通中国人喝下第一杯咖啡，一个外国客户吃下第一碗刀削面，他们在品尝异地的美食，也在品尝世界各地人民梦想和生活的滋味。

实物提供：Catherine

# 开洋荤，遇见生活百味

讲述：Catherine

采访：黄海波

1988年，Catherine开始进入外贸领域。说起为什么选择这一职业，她说："30年来，这个工作之所以能让我一直保持热情，就是因为总能遇到不同的东西，不同的人。"

## 一、咖啡苦涩而昂贵

上世纪90年代，Catherine办公室里常备几样东西：咖啡、可口可乐、红酒，用来招待外国客户，亲戚朋友来了，也能尝个新鲜。

1989年，Catherine第一次参加广交会。观察了几天，她注意到每天一到中午时分，满会场的老外就都不见了。一位同事告诉她："人家都去喝咖啡了。"咖啡吧在会场的角落，主要服务老外，咖啡好几十块钱一杯，贵得不得了。

"我喜欢尝试新鲜东西。"Catherine说。她点了一杯意式特浓咖啡，小杯子盛着一点点液体，黑乎乎的。"当时不懂得可以加奶加糖，也不好意思问，就那么直接喝了下去。"闻起来香喷喷的咖啡入口却十分苦涩，再加上被这杯咖啡折腾得整晚没睡觉，她对咖啡顿时没了兴趣。

那是她第一次喝咖啡，以前只在电视里看过咖啡广告。1984年，麦氏咖啡进入中国市场，“滴滴香浓，意犹未尽”的广告词非常动人。两年后，“雀巢咖啡，味道好极了”也出现在电视上。至于那味道到底是什么，Catherine 和多数中国人一样，只能靠想象，“参加工作之前，我没有接触过奢侈品。奢侈指的是非必需，咖啡从来不在我们的食谱里。”

但它是外国客户的刚需。

1998 年，Catherine 开了自己的公司，干玻璃器皿出口这一行。她敏锐地注意到，一杯咖啡能迅速拉近她和客户的距离，于是就到商店买来速溶咖啡礼盒。奢华的包装里装着一瓶咖啡、一瓶伴侣。没几年，她又把瓶装咖啡换成了二合一独立小包装的咖啡。她相信，升级的咖啡，一定能赢得客户的好感。

她努力理解外国客户的需求，自认为准备得十分到位。可是，为什么连续两次外国客户看着她冲咖啡，都摇摇头，不喝？有的客户虽然喝了，但很明显是勉强喝下去的。“他们明明喜欢喝咖啡啊。”她有些不明所以。有一次巴林来的客户直截了当向她提出：“早上想喝咖啡，带我们去找个咖啡馆吧。”上世纪 90 年代初的太原街头，咖啡馆屈指可数。Catherine 带着客户在路上走了好久，都找不到一家合适的。看着客人的表情，她有点儿理解了：喝不上想要的咖啡，他们真的好难过。

做生意需要技巧，但文化上相互了解是一个更漫长的过程。接触的客户越多，她越明白客户的需求层次大相径庭，自己觉得高档的速溶咖啡，对讲究生活品质的人来说，根本难以下咽。到了 2004 年，她买了一台虹吸式自动咖啡机，自己磨豆，自己做咖啡。这下，那些对速溶咖啡不屑一顾的客户终于满意地举起她特意准备的描金咖啡杯，对她大加称赞。

## 二、从麦当劳走出来，感觉自己更洋气了

1990 年，Catherine 在广交会结束后到了深圳。太原某公司驻深圳办事处的一位朋友热情地邀请她："请你去一个特别火的饭店。"到了东门老街，老远就看到排得很长的队伍，走近了看到一个大型木偶，长得很奇怪，黄头发，厚厚的嘴唇，穿着黄衣服，一对红白条长筒袜，坐在饭店门口的长椅上，人们都在排队等着和木偶照相。

走进饭店一看，饭店的装修、售卖方式都是全新的，感觉特别高级。二层的柜台有 20 台收银机，每台前面都排满了人，餐牌以港币标价，很多人拿着 1000 元面值的港币排队结账。

汉堡的造型太奇怪了，面包夹着肉饼，还有生菜、酸黄瓜、洋葱、沙拉酱，还有一片又黏又滑溜溜的东西，口感虽然奇怪，但味道还能接受。后来她知道，这种东西叫芝士，这家饭店是大陆第一家麦当劳，当年刚刚开业。

"我们当时点了汉堡和薯条，但是不太知道怎么吃，我以为汉堡要从上到下一层层地吃。"她羞涩地观察着身边的顾客，跟着学，才算吃完了这顿饭。那是她第一次吃洋餐，"进去时特别激动，吃完也特别激动，觉得自己是有见识的人了，和出了趟国差不多。"

外贸行业可谓是改革开放的排头兵，生意之外吃的喝的玩的，他们都是最早尝试的人。Catherine 说："改革开放，对我来说就是出现了很多新奇的事物，以前听都没听说过的，我们有机会尝试了。"

## 三、实在吃不下了

即便如此，当她第一次在国外吃大餐时，还是露怯了。

"1995 年，我和爱人在法兰克福拜访一位客户，他是犹太人，请我

们去一家犹太餐厅用晚餐。”Catherine 回忆说。吃饭时，先上来一个竹编小筐，筐里盛放着刚出炉的面包。当时她和爱人奔波一天，又累又饿，不同形状、不同口味的面包蘸了新鲜橄榄油又是那么好吃，他们便就着沙拉，吃了一片又一片。“很奇怪，客户吃了一片就不再动了。估计不饿吧。”Catherine 没顾上多想。

接下来，上主菜了，是一大块牛排。她一下子傻眼了：我们已经吃饱了！客户一直在推荐，说这道牛排肉质如何好，火候掌控得如何恰到好处。“我那时太年轻了，不懂得照顾别人的感觉，人家如此盛情款待，我却直截了当地说我吃不下去了。如果以我现在的阅历，至少会尝一下。”

在巴黎，当地客户请客。这次她学乖了，汤、沙拉、主菜，每道菜上来都浅尝辄止。餐后，侍者给每位客人倒了一杯白兰地，上了一碟零食——各式奶酪。她对奶酪的认识，仅限于夹在面包里，而这种长蓝毛的……抱歉，还是算了。

在巴塞罗那海边餐厅，周围有大片大片的椰林，傍晚的太阳把金光洒在椰树、沙滩和一幢幢石头砌的老建筑上。回忆起这幅画面，Catherine 的语调变得很慢：“餐厅里的客人都穿得极为隆重，举止优雅，而我们正是其中的一部分，那种感觉真是如诗如画，太美了。”

### 四、一粥一饭，意蕴悠长

吃洋餐，有时候难免出洋相，Catherine 把这个过程叫“感受异域文化”，这个过程是一个人逐渐打开内心、向不同滋味开放的过程。当外国客户来到太原，她也有意识地把中国的饮食文化推荐给他们。

“上世纪八九十年代，客户对中国文化比较陌生，对中国餐饮的接受度很低，只吃自己熟悉的东西，所以我们每次都去山西大酒店，没有其他选择。来得多了，他们当中的一部分人对中国食物产生了好奇，我会陪他们去广味餐厅，尝试清蒸鱼、虾仁、西兰花、菠萝咕咾肉……这些外国人眼中的中国菜。最近几年，外国客户对中国文化的了解更深了，我开始向很多客人，特别是欧洲客人，推荐咱们的本地特色，到山西会馆吃面，看表演，听山西故事，他们特别满意。”

说起这些年尝过的美味，Catherine 说自己并不是一个适合谈这个话题的人，“我们小时候的生活不富裕，没有零食，没有饮料，从来没有对某种味道很上瘾，很沉溺。有节制地生活，拼命工作才是人生最大的乐趣。为社会、为家庭创造更多财富，可能是我们这一代人无法逃避的使命。”

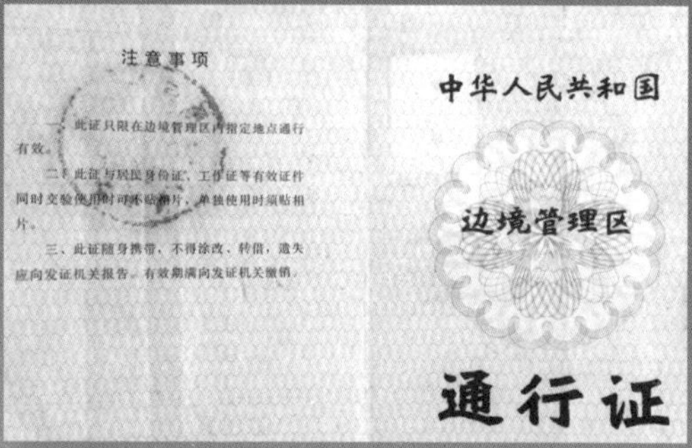
注意事项

一、此证只限在边境管理区内指定地点通行有效。

二、此证与居民身份证、工作证等有效证件同时交验使用时可不贴相片，单独使用时须贴相片。

三、此证随身携带，不得涂改、转借，遗失应向发证机关报告。有效期满向发证机关缴销。

中华人民共和国

边境管理区

通行证

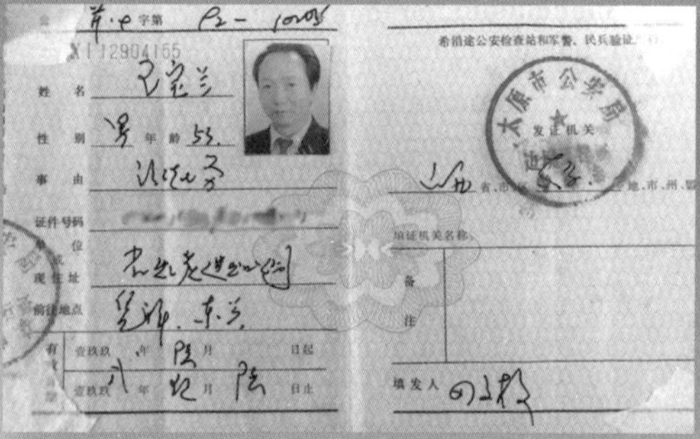


1979 年，中国改革开放的第一声春雷在深圳炸响。许多内地人怀揣理想，凭借一张边境管理区通行证来到这片热土，寻找新的人生机遇。他们书写了深圳传奇，深圳也重塑了他们的人生。

实物提供：王映东

# 边境通行证

讲述：高建东

1987年，我被时代浪潮鼓动着，跃跃欲试，要去深圳闯荡一番。多年以后，我了解到马斯洛“需求层次理论”，才惊觉，那时我还处于最低的、最基本的“生理需求”“安全需求”阶段，直到今天，也不过上升到“社交需求”。通俗地讲，那时亟需解决的问题就是努力赚钱，结婚成家。

## 一、偶遇美国银行家之子

1985年4月15日，邓小平会见坦桑尼亚副总统姆维尼时谈道：贫穷不是社会主义，社会主义要消灭贫穷。这句话启发了中国人对财富的向往，我身边的人开始坦然地谈论如何做生意发财。

那段时间偶然认识了一位武姓朋友，承包了文庙公社的社办皮件厂，其实就是一家有十几台电动缝纫机的缝纫社。当时他正为劳资纠纷挠头，我是上级派去指导工作的。

他邀请我到他家，要我看他用医用胶布贴在家里抽屉最深处上壁的一张存折，上面的数字十分惊人——40万元！他说这是他用短短两年时间做土特产生意赚到手的。当时我的月收入是170块，在同龄人中已经算高收入。待他把存折归到原处时，我早已被震得头皮发麻，眼冒金星。

上世纪90年代热播电视剧《打工妹》剧照　图片来源网络

朋友说他一直往来于太原、深圳之间，在做土特产生意的同时还发现了新的商机，就是开办制衣厂，靠接订单——来料加工、来样加工，发大财。“发财”两个字从他嘴里说出来，是那么自然，我却仍然难以启齿，可是一想自己靠月薪一辈子都挣不够40万元，不禁沮丧。

见我被他的说辞打动，朋友进一步忽悠我说：“你要能助我一臂之力，我保证你很快就能挣到这个数，挣100万也不是难事。”他跟我讲起自己的家史，说自己的生身父亲就在美国，是一个银行家，在法国也有分行，“将来你有了钱，我帮你娶一个法国女郎。”

当我奔波数趟，终于拿到“中华人民共和国边境管理区通行证”时，我欣喜若狂，像是得到了一张登月许可证。

## 二、在深圳做大生意

我作为“马仔”，紧随武总，提着他时髦的文件箱，先是登上火车硬卧，半夜到达石家庄，中转去广州的硬卧。30多个小时之后，我自信地亮出通行证，购票，验票，踏上广州到深圳的火车。伴随着车厢里的广播声，“深圳，我国改革开放前沿，自设立特区短短几年就高楼林立，在那里人们生活节奏快，为了实现‘四化’都在争分夺秒。时间就是金钱，效率就是生命……”我走出了简陋的深圳火车站。

武总给我分配的角色，既是副厂长，同时兼会计、下夜的门房、厨师，还负责公司的人事。到深圳的当天晚上，我就以这样的身份陪同武总到了一家高层酒店，见到了一位据称来自台湾的大亨。他 50 多岁，身边带着一位二十出头、只会说广东话的小姐。

尽管三四十个小时水米未进，人也疲惫不堪，但精神很亢奋，坐在武总旁边，我一直在本本上认真地记着，包括棉纱、硅铁、生铁、铜锭十几项，直到第二天凌晨 4 点才走出酒店。

武总带我来到一个热闹的大排档，每人一份炒粉，两个人共享一份蚝油生菜、一盘炒鱼片，喝着矿泉水，感觉财富马上就会滚滚而来。

我追随武总，见习做生意，终于在蛇口拿到订单，又在深圳湾租地建厂，以典型的深圳速度，一个晚上搭起缝纫车间，第二天购回高速平缝机，开始转包订单。结果几家一见面，武总反被炒掉，出了局。他两手空空地站在位于深南中路、当时太原市饮食公司开办的汾酒大酒店门前，只有我陪伴着他。

这场“服装外加工梦”破碎了。

## 三、深圳烙印

虽然生意失败，但深圳带给我的冲击却极大地改变了我的观念。台商吴先生在深圳理了个发，花 5 块钱。我告诉他，在太原理这样一个发型，只需 5 毛钱。“5 毛？”吴先生听了，觉得难以置信。在深圳一家东北人开的面食店里，一份大碗汤面，价格是 5 块，在太原同样一份面是 8 毛或者 1 块。价格差异如此之大，让我看到了市场经济的复杂表现。

当时太原还没有什么高层建筑，最显赫的不过是 8 层楼的迎泽宾馆八角楼，而深圳已经有了五十多层的国贸大厦，十几层的小高层正如雨后春笋般冒出来。

那是春夏之交，我回到太原，女孩子们一律穿着黑色筒裤。而在深圳，特别是在国贸大厦里，胳肢窝夹着小坤包、目不斜视的姑娘比比皆是，她们穿着一步裙、超短裙，在光可鉴人的大理石地面上走着。

走之前，我在太原买了5瓶老陈醋，1瓶1块2。在深圳街边一间北方人开的水饺小店，我将老陈醋按每瓶10块的价格卖给老板，换了半斤饺子，还净到手40元现金。

几年时间，我怀揣通行证，陪武总一趟又一趟地往来于深圳与太原之间，感受着太原人与深圳人不同的观念、不同的精神世界。拥有了这张通行证，我就等于拥有了一把通过窗口看世界的钥匙。

后来，我急于完婚，便离开武总，回到太原。

和妻子蜜月旅行期间，我还是放不下深圳，想念那里的空气、味道和速度。在北京，我按捺不住南下的念头，临时决定，和妻子买了北京到广州的火车票。

把冬衣寄存在深圳火车站寄件处，穿上薄外套，我们在深圳玩了一段时间。我们在深圳大剧院看了一场立体电影，大开眼界。路过中国银行，总有人追上来询问要不要兑换港币。我俩追着赤脚的挑担小贩，买新鲜的芭蕉吃。

那时深圳的人口还不到50万，宝安镇主街上矗立着一根石旗杆。到2018年，深圳已是拥有近两千万人口的超级大都市，宝安镇所在地早已高楼林立，充满现代气息，堪比曼哈顿。

婚后不久，我办理了停薪留职，开始一个人在社会上单打独斗，先后做过美工师、广告设计师、企业发展策划师、装饰工程人员、刊物采编，还做过直销商、物流配送人员……现在想来，正是这张通行证深刻地改变了我的人生取向。

对了，到深圳必须办理的通行证已于2008年取消。

## 渴慕知识

知识就是力量，知识改变命运。而学习，就是通往知识殿堂的金光大道。

每一本书都藏着一颗不安的灵魂。每一个钢笔尖下，都有精灵在舞蹈，字里行间，充满活力地跳动，像少年的脉搏。

是知识，改变了一代人的思维方式和外在形象。

学习是多么美好啊，她伸展到哪里，哪里就有青草生长，鲜花盛开。

无限相信学习的力量。最终，学习给了人神奇的能力，维护天理良知，伸张公平正义，探索世界和宇宙未知的秘密。

在伏案读书的姿势里，蕴藏着时代的伟大精神。

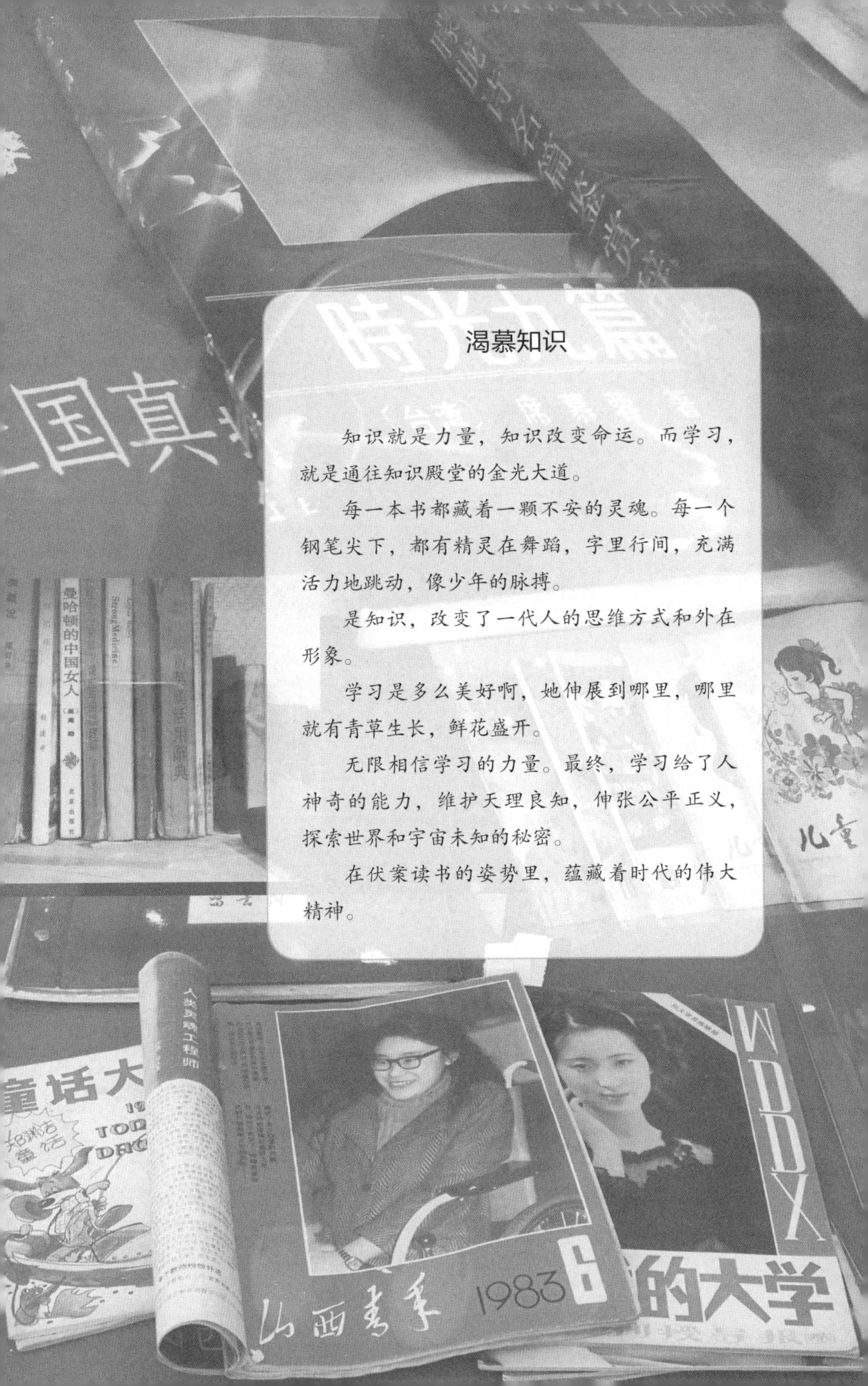

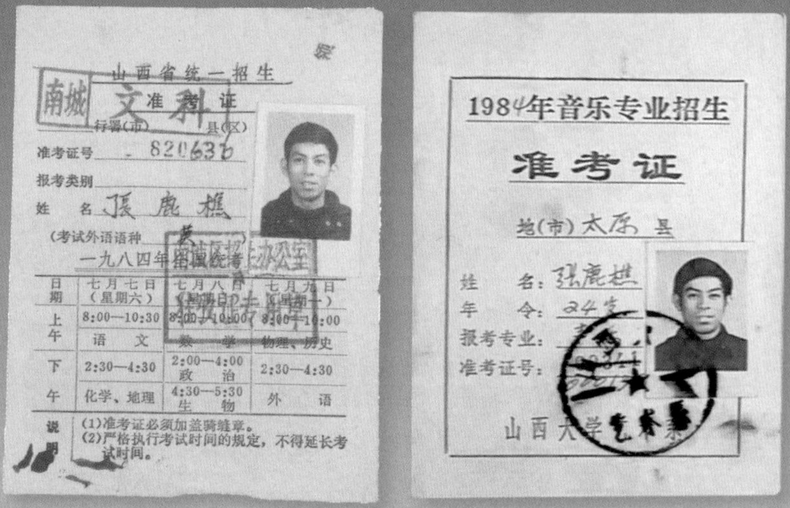


1984 年，张鹿樵第八次参加高考，终于得偿所愿。他一直珍藏着这一年的准考证。高考 8 年，仅仅这四个字就足以打垮大部分凡夫俗子。“我只是想唱歌”，为了这个目标，一名铁路局工程队的普通工人，白天搬运水泥，深夜上补习班，认真补上自己的每一块短板。终得一日闯关成功，世界上再没有可怕的事。

实物提供：张鹿樵

# 高考 8 年，不再言败

讲述：张鹿樵

采访：黄海波

小时候的张鹿樵

张鹿樵老师有一双成年人罕见的大眼睛，黑黑的，亮亮的，整个人发着光，发着热，离得老远就感染着你。每次在演出现场见到他，他总是穿着燕尾服，在灯光璀璨的舞台上唱着动人的艺术歌曲和歌剧咏叹调，所以我一直在寻找家庭为他创造的那个蜜罐子——他好像从小到大一直泡在天真的幸福里。

可是，他又是那个能在 46 岁孤身一个远赴意大利求学的人，开了一场又一场音乐会，要在舞台上唱到人生终点的人。

提起 1977 年恢复高考，我才知道，原来他就是那个参加了 8 次高考的人。

## 一、小学毕业生

1977 年 10 月 21 日清晨 6 点半，山西大学的校园广播开始播出“新闻和报纸摘要”节目。先是嘹亮的乐曲，然后是中央人民广播电台播音员熟悉的声音。新闻说：国家教育部决定，1977 年冬季全国高校招生恢复考试制度。

他的脑袋“嗡”的一响，一刹那，时间凝固了，他听到了自己的心脏“怦怦”跳动的声音。

那一天，山西大学整座校园全都沸腾起来，所有的人都在议论高考。张鹿樵对大学一点不陌生，他的父母都是新中国成立前的大学毕业生。父亲张一纯 1935 年毕业于上海大夏大学（华东师范大学），母亲王仲义 1943 年毕业于四川白沙女子师范学院（西南大学）。一个哥哥和三个姐姐是“文化大革命”前的大学毕业生。大哥张山樵 1953 年考入北京大学化学系，大姐张桂樵 1956 年考入南京大学化学系，二姐张翊樵 1959 年考入南京铁道医学院，三姐张英樵考入南京大学地质系。在他们家，上大学就是天经地义的事儿，可到了他和二哥身上，因为“文化大革命”断开了。

“因为出身‘反动’的知识分子家庭，我入不了红小兵，入不了团，入不了党。1976 年夏天，我到菜站给人家拉菜，只干活，不挣钱，就是为了摆脱家庭出身，成为工人阶级的一员。那个年代，特别羡慕那些被推荐上大学的人们……”张鹿樵说。他看过高尔基自传三部曲，其中第三本是《我的大学》，每次读到第一行“我要到喀山上大学去了”，张鹿樵都快速地跳过去，生怕落泪。

高考，取消政审，只需单位开介绍信就能报名，对于所有人都是一次公平的机会。那一年，张鹿樵、张欣樵兄弟二人分别在太原市南城区招办、清徐县招办报名，成为太原 18715 名高考生中的两名。当时哥哥在清徐插队，已经是第四个年头。张鹿樵在恢复高考的头一年，等不及初中毕业就办理留城手续上了班。他先是在太原外贸冷冻厂当协议工，出一个工挣 1 块 3 毛 2。协议工没有劳保，也不算工龄。三个月后，他又换到太原电解铜厂当合同工，工作虽然很累，但是有劳保，算工龄，每出一个工能挣1块8毛6，还能领3毛2的高温补助。

## 二、8次高考

1977年，张鹿樵的命运历经几次转折。

1977年11月16日，张鹿樵成为太原铁路分局工程队的正式职工，工种是泥瓦工。和前两份工作相比，铁路工程队的泥瓦工风吹日晒，铁道铺到哪里，房子就盖在哪里，野外作业，累，苦，而且很危险。这一行被形容为“工程队，工程队，庙里吃来庙里睡”，不仅是说工程队员成天住在野外，更指泥瓦工中光棍汉居多。

他白天上班，晚上7点半至9点半在铁路夜校听课。他知道，等考上大学，他就可以脱下满身泥浆的工作服了。只不过，他没想到，这一等就是8年。

张鹿樵15岁开始学声乐，所以很自然就报了山西大学艺术系（当年山西省唯一招收艺术专业的本科院校）。第一年高考，考试地点就在山西大学艺术系教学楼，教学楼离河沿（当地管那个水渠叫“二里河”）很近，住宿和办公全都在那一栋楼上，音乐考场就设在三层和四层。

父亲是山西大学历史系的教师，单位分的房子就在校园的东楼（拐角楼）。张鹿樵在山西大学院里长大，考官都是邻居，所以上了考场他一点儿也不紧张，觉得好好唱就行了。唱完了，考官特别和气地说：“孩子，你回去吧。”

他不知道让他回去是什么意思，是考试考完，可以回去了，还是没有考上？考场上也不能问，他就回去了。

后来出榜，哥哥考上了山西医学院，弟弟榜上无名。看分数，知道自己专业课差得太多，唱得不行，第一试就过不了。以他当时的水平根本唱不过那会儿的文艺兵，人家非常厉害。而且第一年招生特别少，总共一年招 49 个人，包括作曲理论、提琴、钢琴、笛子、二胡、琵琶等，声乐还分男声女声、高音低音，所以竞争特别激烈。

结果并不意外，就像体育比赛一样，比的是实力，他当时就是打不赢人家。

他这才明白考官说“回去吧”的意思就是你认真准备吧，明年再来。

第二年他又去了，那年考点不在山西大学，在太原建筑工人俱乐部。初试也没有过。

1977 年没考上，1978 年没考上。1979 年考场又设在山西大学，他还是没考上。

1980 年和 1981 年，因为办学条件有限，山西大学艺术系音乐专业没有招生。不过他还是参加了高考，天津音乐学院来招生，他去了。考点也是在山西大学，占了个自习室。当然，他没考上，“山大考不上，天津就更考不上了。”

1982 年，山西大学艺术系音乐专业积了两年的考生，考试难度更大了，他还是没考上。

1983 年，又失利了。

第一年没考上，人们说：“来年吧！”

第二年没考上、第三年没考上，人们说：“有志者事竟成。”

第四年、第五年没考上，就没什么人跟他说这些了。

第六年、第七年，人家就躲在那儿，不敢看他。“人还劝你，还鼓励你？没有了。”

第八年，他就自己悄悄摸摸地去考。

那时有个规定，必须是未婚的、25 岁以下的人才能参加高考，以当年的 9 月 1 日为限。张鹿樵的生日是 5 月 4 日，1985 年他虽然还是 25 岁，但因为他是在 9 月 1 日以前生的，超龄了。所以 1984 年就是最后一次高考的机会。

## 三、命运安排他上大学

他曾想过放弃考学。家里四处找关系，想调他到离家近一些的单位，比如太原铁路机械学校，电工、管道工、木工，干啥都行。实在不行，就看门房，打个铃，扫个地，都比泥瓦工强。还找过山西针织厂，想看看能不能当个保全工，精编车间的挡车工也行啊，虽然那基本上是姑娘们干的活儿。找人办对调，不行。单独调他的关系，也没成。

考到第八年，单位也急了："小伙子，你这样子可不行！"

他说："那我辞职吧。"

当时铁路号称"铁老大"，是好单位，虽然说泥瓦工这个工种不好，可好歹是个正式工。所以他一辞职，吓坏了好多人。"父亲去世得早，他的朋友、同事和带过的学生们都特别关照我，特别帮忙，想给我换工作，山西大学电子工厂（山西无线厂二厂）、山西省社科所都考虑过调我过去，当司机、电工……听说我辞职了，首先是山大的校领导着急了，怕年轻人一时冲动，毁了前程。"

很多年以后，张鹿樵听山西大学的一位司机师傅说："你就是张鹿樵啊！1984年我给校领导开车，有段时间天天开着一辆蓝鸟拉着他往省教委跑，一路上心急如焚，就是念叨你的名字。先是看分数。好不容易分数够了，还没等松口气，又急着看录取情况。虽然啥忙也帮不上，可他不能不看，生怕你破釜沉舟，最后考不上，实在对不起张先生。"

1984年，张鹿樵终于考上了，而且一考就是两个，一个是山西大学音乐系；一个是山西大学夜大，属于成教。前一个是正式的，脱产上大学。他把夜大的录取通知书退了，去音乐系报了到。校长专门找他谈

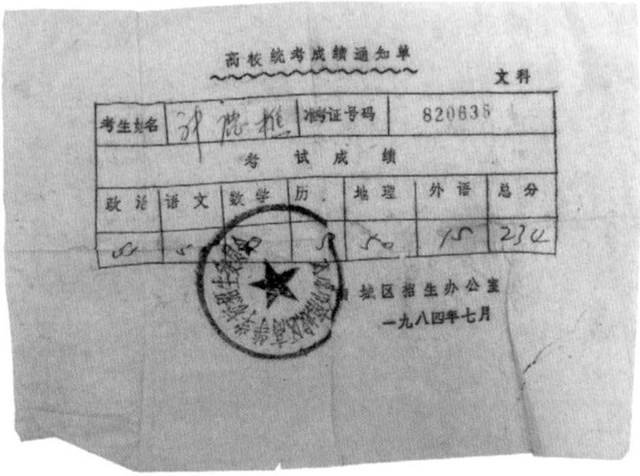
高校统考成绩通知单

文科

| 考生姓名 | 张鹿樵 | 准考证号码 | 820638 |
| --- | --- | --- | --- |

考试成绩

| 政治 | 语文 | 数学 | 历史 | 地理 | 外语 | 总分 |
| --- | --- | --- | --- | --- | --- | --- |
| [illegible] | [illegible] | [illegible] | [illegible] | [illegible] | 75 | 234 |

□城区招生办公室

一九八四年七月

1984 年的高考成绩通知单　张鹿樵提供

话："专心学习，千万别搞对象。"都知道他这张通知书来之不易。

## 四、喜欢音乐带来的享受

高考 8 年，在好多人眼里，这孩子八成是有毛病了。也有人觉得，这个人，是个笨蛋，给家里丢人，给老师丢人。有好心人劝张鹿樵考别的，可他知道问题在哪儿，就是自己唱得不好。唱得不好就想办法唱好呗，就这么简单。

张鹿樵承认，这个过程确实很煎熬。但不这么去学，也不可能，他就是想学声乐。上山大附小时候，他就喜欢唱歌，还有同学记得那时候他掏着骑自行车，两个人一起去坞城路新华书店买歌片。1969 年，陈永贵来太原，山大附小到南宫演出节目，合唱《我爱我们的学校》。张鹿樵记得"陈永贵裹一条白毛巾，穿方口布鞋"。有关音乐的事张鹿樵都记得都特别清晰，他喜欢音乐带给人的那种享受。

1984 年，他的文化课成绩比录取分数线高出一百多分。不是文化课不行才考艺术，他是真的喜欢艺术。

8年里，他一直在干泥瓦工的活儿，很快就锻炼得能以95斤的身板，一左一右各夹一袋50公斤的水泥上5楼。他说："有了那8年，现在背什么都很轻，也理解别人吃过的苦。在这里的工作和学习给了我力量，不然支撑不了我走这么远。"

张鹿樵用了8年参加高考，用了14年准备出国，用了20年登上舞台。2013年北京音乐厅、2015年上海音乐厅、2016年重庆音乐厅、2018年天津音乐厅……他在4个直辖市的最高音乐殿堂举办了4场个人独唱音乐会，就像完成了一个赛季……还有3个学期，他就要退休了。他希望自己不要在这个事业上退下来，再有一个10年，再有一个8年，在舞台上尽情歌唱……

"人的一生找到自己的事业、自己喜欢的东西，把它做好，仅此而已。"张鹿樵的语气十分平淡。

2018年9月25日，张鹿樵在天津音乐厅举办独唱音乐会　张鹿樵提供

书架对于或大或小的知识分子都有着特殊的意义。书架是读书人内心的写照，有什么样的书架就有什么样的精神世界。自称“小知识分子”的刘立平，虽然从事为人作嫁的工作，但却始终与书籍保持着一种亲密的关系，“买而不读”更是以一种独特的方式呈现了小知识分子对待书籍、对待书架的态度。

实物提供：刘立平

# 小知识分子书架

讲述：刘立平

采访：黄海波

刘立平在出版社工作。他很早就梦想有一个自己的书架。这个梦想在很多年间只存在于不切实际的想象中：层层叠叠，无远弗届，装尽古今名著，随时可供取阅，最好在不起眼的角落里还有一两本自己的作品。不知不觉已是人到中年，书架的梦想早已实现，而源于书架的感慨却别有一番滋味。

## 一、通往书架的路有些辛酸

上世纪 80 年代是一个开放的年代，各种新思潮蜂拥而至，美学热、文化热、寻根热、精神分析热，诸如此类的各种“热”，都让我们这代人赶上了。

穷学生没钱，当时看书主要是从图书馆借。开学时家里会给刘立平带 50 块钱，但学期终了他总要把这 50 块原原本本地带回家，舍不得花。学校扶贫济困，会发给学生助学金，每个月 18 块，他吃饭大约要花去十三四块，剩下的几块钱就用来买书。比如《梦的解析》《美的历程》《战国策》《狄金森诗选》，还有“汉译名著丛书”中的十来本，都是那时候省吃俭用买下的。有的同学床头书架上琳琅满目地放着各式各样的好书，《战争与和平》《静静的顿河》《约翰·克利斯朵夫》，还有大部头的《十三经注疏》《诸子集成》……望梅止不了渴，刘立平心中满是羡慕，不仅羡慕书，还羡慕书架。

大概是因为中间有些辛酸的缘故，他对大学期间买下的为数不多的书特别珍爱，借都不愿意借给别人，生怕给弄丢了。

本科教育会在人的精神世界里留下极深的烙印。从书架上游国恩的《中国文学史》、唐弢的《中国现代文学史》，还有朱维之的《外国文学史》，能读出刘立平中文系出身的信息。他说："这三种书是中文系的人日后行走江湖的'必备小抄'，说起历史上哪个作家、哪部作品，文学运动、文学思潮，多少知道一点。"

文学史类图书　刘立平提供

因为这个出身，文学类图书一直是他书架上的主力军。单说文学史，毕业后又补充了复旦版、剑桥版等好几套，断代的、专门的文学史也时有购入。其他如小说、诗歌、散文、文艺理论，今天两本，明天三本，占据了书架的大半壁江山。

1990年前后，出版界开始重视编校质量。刘立平所在的单位从上海辞书出版社搞了一套卷子，突然把编辑人员集中起来，让大家改错。他出手不凡，考了最高分。"学过王力先生的《古代汉语》、马汉麟先生的《古汉语基础》和黄廖本《现代汉语》，毕竟不一样。"说起这件事，他至今仍有得意之色，"大学时崇尚创作、崇拜才华，不怎么爱上语言学这样枯燥的课程，没想到日后派上了用场。"

## 二、小知识分子有了书架

刘立平把自己归为小知识分子一类，而成为小知识分子的时间是大学毕业参加工作后。那时他还没有书架，“住在出版社的单身宿舍，9 平方米的房子挤了 3 个人，为数不多的书只能塞在纸箱子里放到床底下。”成家时，他专门打了两个书架，多年不见天日的书才有了出头之日。书架虽小，却是心爱之物，他没事的时候经常在书架前流连徘徊，不用说，心情颇愉悦。

参加了工作，虽然收入不高，但毕竟经济条件大为改善了，再到书店，看见以前想买而买不起的书，就跃跃欲试。书架上陆陆续续添了《鲁迅全集》《莎士比亚全集》《卡夫卡全集》《陀斯妥耶夫小说集》《金庸全集》《十九世纪文学主流》《诗经》《楚辞》《伊利亚特》《奥德赛》《神曲》《草叶集》等名著。刘立平的书架越来越有模有样。

身在出版系统，少不了向同行道友讨要一些图书。2001 年，华北五省教育出版社年会在太原举行，刘立平参与筹办，“那几年河北教育出版社一直经营名著系列，我惦记已久。”会上照例举行优秀图书评选，会议结束后，河北教育出版社的老师把参评样书《世界名画家全集》《中国现代小品文经典》《中国史学名著丛书》悉数赠与刘立平。他的书架顿时丰富起来。

《屠格涅夫全集》放在书架上 20 年了，但他从来没有打开过，而大学时买的单行本《猎人手记》《罗亭》却翻看过好多遍。大概是因为后者花过血汗钱的缘故。有朋友送他一套几十本的人民文学版“世界名著丛书”，居然一直放在纸箱里，从未开封。得来太容易，便不会珍惜。

刘立平看起来很谦虚，其实读书不少，文学史上谈论最多而阅读最少的《追忆似水年华》，他竟然窝在家里昏头楞脑地读了一遍，“非病不能读书。那是 2003 年，赶上‘非典’，不上班，球馆又不开门，朋友们

《追忆似水年华》 刘立平提供

花天酒地的聚会暂停，实在无事可做。也算是了却一桩心愿吧。”

### 三、破落户里不破落

2005年，他搬了新家，不仅添了新的书架，而且有了专门的书房，兴奋之余，他给书房取了个别致的名字：破落户。书房东西两面整墙都是书架，胡桃色的实木，沉着、雅致。做书架的时候，他执意不装玻璃门。摆放在书架而不是书柜里，好几千册图书，触手可及。“像我们到现在这个年纪还一事无成的人，早就不想着通过阅读著书立说、成名成家了，但徜徉书房有一种特殊的感觉。洗了碗擦了地，没事就在书房里溜达一会儿。并不指望一脸大胡子的托尔斯泰会从书架上走下来侃侃而谈，或者金斯伯格脱光了衣服跳将出来大喊大叫，但触目所见，满室温馨，一排排地扫过去，看见哪本感兴趣的书了，顺手取下来翻一翻。倘若将所有的书都幽闭在玻璃窗内，就好比纵有佳丽三千，却不能由着性子，随意翻牌，那又有什么乐趣！”

在家的大部分时间，他都在书房。对着书架，刘立平偶尔会感到惭愧：

“满满两架子书，足够陶养好几个学问人了，但自己到头来只成了一个半吊子读书人，不要说治学穷经了，因为不能补充新的知识，旧的知识又不断流失，文化水平越来越低。按理说，知耻而后勇，应该痛改前非，迎头赶上，但泄了几十年的气，岂是一朝一夕就能重新鼓起来的。”

所幸女儿上了大学，读了历史，所谓“文史不分家”，也许这些书可以留给女儿用。在书架上，女儿找到了进入父亲精神世界的入口。有一天，孩子忽然对他说：“爸爸，我发现你翻来覆去看的就是那几本书，不是《第二十二条军规》，就是《九十年代思想文存》，那你买这么多书干吗呀？”

他听了不禁悚然一惊：“原来我已经老得只看有限的几本书了。”当初可是立志要博览群书的，怎么会成了这个样子？

《小逻辑》 刘立平提供

这时候，再看到黑格尔的《小逻辑》，他竟有了痛心之感：“毕业那年，八里台高教书店门口，就地摆着一个书摊，精装本《小逻辑》定价1块9，两本平装的《精神现象学》售价2块，一咬牙买下了，心想现在虽然没时间看，但今后的日子还长，来日再细细品读。”没想到，离开大学这个纯粹的读书环境，更没有时间读了。“以前没看过的书大概以后也不会看了。很奇怪，现在只愿意读旧书，如逢故人，阅读中有一种很亲切的感觉。时间决定一切，年龄大了的缘故吧！”

说起年轻时代写书的理想，刘立平说他早就没有这样的想法了。不过，听说哪位朋友刚刚出了一本书，他每每难掩羡慕之情。或许，用不了多久，我们的书架上会添一本新书，作者是刘立平。

改革开放，迎来了思想解放的春天。全国掀起了风起云涌的诗歌浪潮。1984 年，著名诗人潞潞和校园诗人李杜在山西大学发起成立“北国诗社”，并于 1985 年推出《北国》诗刊创刊号，此举成为全国高校诗歌运动的标志性事件。

实物提供：刘照华　白海峰　张华夏

# “北国”之春

讲述：潞 潞 李 杜

采访：雷永莉

那是一个“不写诗大学就白过了”的激情年代；那是一个“不写诗就对不起青春年华”的火热年代；那是一个以写诗为时尚的诗歌年代。

## 一、潞潞：一首《城市与〈勇敢的野牛之血〉》轰动诗坛

1978年，十一届三中全会召开，吹来了思想解放的春风，掀起了风起云涌的全国新诗浪潮。

上海得风气之先，开始举办音乐会。1980年5月，潞潞付出排队40分钟的辛劳，花5毛钱，买了一张上海音乐厅的音乐会门票。一首《勇敢的野牛之血》，触发了他的创作灵感，他挥笔写下了脍炙人口的《城市与〈勇敢的野牛之血〉》：“上海音乐厅 / 圆形的拱顶 / 奶油色的墙壁 / 小步舞曲加异国香水的幽香 / 管弦乐 / 独唱 / 小提琴五重奏 / 报幕员的甜笑 / 起落的金属指挥棒……”这首诗发表在当年的《人民文学》和《诗刊》上，一举奠定了潞潞在中国诗坛的地位。

1982年，潞潞的另一首诗《肩的雕塑》发表于先锋文学刊物《青春》第11期的诗歌版头条，引起诗坛震动。不久，此诗就被收入老木编选的《新诗潮诗选》。北京大学教授、诗人谢冕主编的1982年《中

国年鉴》诗歌部分，不仅选编了《肩的雕塑》，还予以重点评论。一时间，潞潞和顾城、江河等一同成为上世纪80年代中国诗坛熠熠生辉的明星，也成为当时山西诗坛的代表人物。

## 二、李杜：创办油印刊物《新绿》《我们》

上世纪80年代的大学校园，举办诗会、文学讲座的海报随处可见，校园门口的书摊上卖得最火的是《中国新诗潮诗选》，几乎每个人都在模仿北岛、顾城写诗。没有诗歌的大学生活简直不可思议！

充满诗歌理想的才子、山西大学中文系81级学生李杜，在自己创作新诗的同时，还组织同学们创办了《新绿》《我们》等刊物，是校园新诗的倡导者。

1982年，入学半年，在李杜的倡导下，班里成立了“兮兮社”文学社，同学们以读诗写诗为乐。大学毕业后到《山西日报》副刊部工作的李杜，给自己的独生宝贝女儿起了小名“兮兮”，足见诗和诗社在他内心深处的分量。正如他自己所说：“一个人的情感世界真的是无法掩饰。”

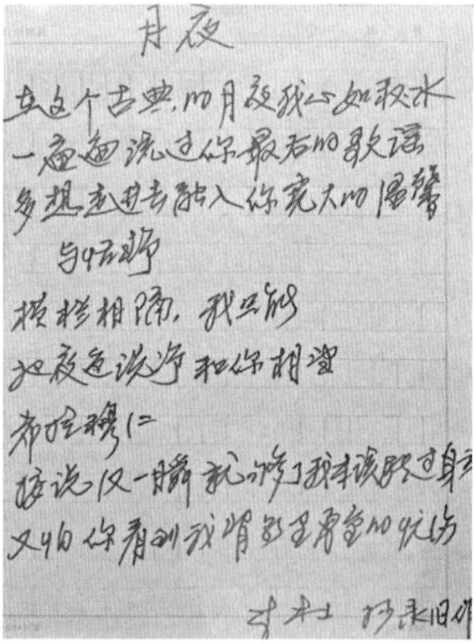
月夜
在这个古典的月夜我心如秋水
一遍遍流过你[illegible]的歌谣
多想走过去融入你宽大的温馨
与[illegible]
[illegible]相隔，我只能
把夜色说淡和你相望
[illegible]
[illegible]
又怕你看到我[illegible]
李杜 抄录旧作

李杜抄录旧作手稿　李杜提供

半年后，李杜和同学们自己征稿，自己刻版，自己油印，创办了班级刊物《新绿》。封面是任有辉同学动手刻出来的绿色、黑色双色套色木版。

1983年，李杜跨出中文系，和7个同学一起创办了油印报纸《我们》。油印的钱是7个人从每个月的伙食费里抠出来的，每期每个人交 1 元钱。1 元钱可不是小数字，那时他们每个月的生活费才 15 块钱，食堂里一个过油肉只要 2 毛 5。

## 三、北国诗社：大学诗歌运动的核心

潞潞和李杜的影响力和号召力促成了北国诗社的成立。他们的经历和视野决定了《北国》的宽度和高度。

1982 年，潞潞成为首届山西大学干部专修班学员，走进 81 级中文系课堂，成为李杜的同班同学。

有一天，两个诗人在男生宿舍的走廊里不期而遇，聊诗歌，聊诗社，聊得非常投机。回忆起这次相遇，潞潞印象最深的是“李杜用小而深的眼睛看着我”。李杜则感慨地说：“潞潞来了，我的想法大了。他当时不只是山西的诗歌领袖，更不只是山西大学的诗歌领袖，他在全国是引领诗歌潮流的。”

李杜和潞潞的邂逅碰撞出耀眼的思想火花，并且付诸轰轰烈烈的行动。他们创办了山西大学北国诗社。北国诗社的机构为：社长李杜，主编潞潞，副社长任有辉，著名诗人、山西大学中文系教授马作楫担任名誉社长。

北国诗社成立时，会员有山西大学学生 100 多个，还有来自校外的几十个人。成立大会在当时的山西大学主楼 7 教室举行，李杜主持，潞潞写了北国诗社成立宣言。宣言里出现了地平线、北回归线、黄昏、矢车菊等让人耳目一新的意象，追求广阔、浑厚、深沉的美学风格，为北国诗社的创作确定了基调。

北国诗社甫一创立，就成为山西各大院校诗歌运动的核心，太原工学院（太原理工大学前身）、临汾师范大学（山西师范大学前身）等院校的诗歌爱好者们被“北国”的强大磁力所吸引——到山西大学，到北

****** 序 ******

马作楫

祖国现代化的信号已经升在华夏上空。古老的诗的国度，不再是那么的幽静，大学生们象所有的诗人一样，怀着一颗燃烧的心，在思考新诗的锦绣前程。

《北国》诗刊第一集的编辑潞潞和李杜等同志，他们在学好专业课的同时，对现代诗歌的创作和研究作出了可喜的成绩，受到省内外诗歌界的好评。《北国》诗刊的第二集编辑徐建宏同志，同样是踩着困难学习，对校园文化也做出了力所能及的贡献。当然，他的努力也是与山西诗坛以及李杜、潞潞、周同馨等诗人们的帮助分不开的。

今天，诗歌爱好者李成淇、温洲等同学，又想尽一切办法，克服了许多困难编印好《北国》诗刊第三集。我谨向这些同学祝贺，我希望同志们、诗友们，应增强学好各自专业的责任感，从基础、知识性的学习，自沉地向着提高性、学术性的领域过度。我们的知识面广了、思想有深度了，诗也会写好。

人常说："诗赋文章能者稀，难中最难莫过诗"。我们距离诗的要求还很远，我们应当努力加强思想和艺术的修养，虚心学习，勤写苦练，努力写出具有时代气息和现代意识的诗篇。

时代气息和现代意识是一致的，我们学诗应在我国诗学的优良传统的基础上，借鉴中外诗歌有营养的成分力求创新，不要步人后尘。我们学习写诗更不应该脱离生活，写一些庸俗的诗文。写诗要按照诗艺的规律凝聚人民的意志，启迪人民的智慧，美化人民的心灵。

诗的天地无限宽广，祝大家思想的感情的翅膀纵情翱翔！

1991.5.9

《北国》诗刊第三辑序言　张华夏提供

国诗社，是他们对业余生活的最好安排。张锐锋、陈建祖、郭自勇、金汝平等校外的诗人一有空就跑到北国诗社，和铁杆诗友们谈诗论文。这种情态使北国诗社从初创就呈现出创新、宽容、融合、开放的大格局。

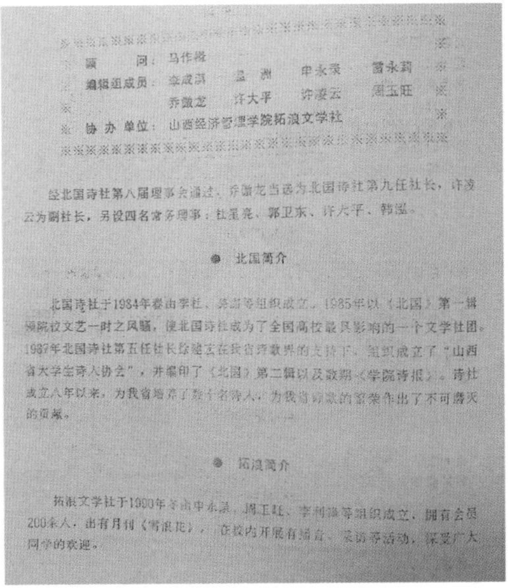

顾　　问：马作楫

编辑组成员：李成琪　温　洲　申永录　曹永莉

乔徵龙　许大平　许凌云　周玉旺

协办单位：山西经济管理学院拓浪文学社

经北国诗社第八届理事会通过，乔徵龙当选为北国诗社第九任社长，许凌云为副社长，另设四名常务理事：杜星亮、郭卫东、许大平、韩泓。

北国简介

北国诗社于1984年春由李杜、潞潞等组织成立。1985年以《北国》第一辑领院校文艺一时之风骚，使北国诗社成为了全国高校最具影响的一个文学社团。1987年北国诗社第五任社长徐建宏在我省诗歌界的支持下，组织成立了"山西省大学生诗人协会"，并编印了《北国》第二辑以及数期《学院诗报》。诗社成立八年以来，为我省培养了数十名诗人，为我省诗歌的繁荣作出了不可磨灭的贡献。

拓浪简介

拓浪文学社于1990年冬由申永录、周玉旺、李润峰等组织成立，拥有会员200余人，出有月刊《雪浪花》，在校内开展有讲座、采访等活动，深受广大同学的欢迎。

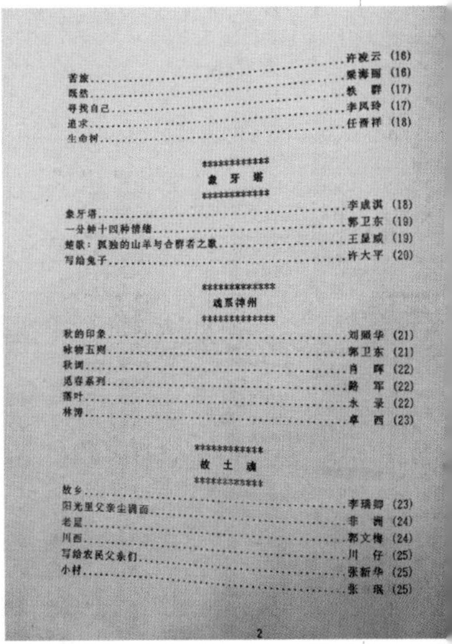

许凌云 (16)
苦旅……柴海丽 (16)
既然……铁　群 (17)
寻找自己……李凤玲 (17)
追求……任晋祥 (18)
生命树

象牙塔

象牙塔……李成琪 (18)
一分钟十四种情绪……郭卫东 (19)
楚歌：孤独的山羊与合群者之歌……王星威 (19)
写给兔子……许大平 (20)

魂系神州

秋的印象……刘丽华 (21)
咏物五则……郭卫东 (21)
秋调……肖　晖 (22)
觅春系列……路　军 (22)
落叶……永　录 (22)
林海……卓　西 (23)

故土魂

故乡
阳光里父亲尘满面……李瑞卿 (23)
老屋……非　洲 (24)
川西……郭文梅 (24)
写给农民父亲们……川　仔 (25)
小村……张新华 (25)
张　珉 (25)

2

《北国》诗刊的扉页和目录　张华夏提供

## 四、《北国》创刊号：一半作者为朦胧派代表诗人

《北国》诗刊创刊号的出炉，使北国诗社的影响力达到巅峰。1985 年，潞潞、李杜带领诗社会员编辑《北国》诗刊创刊号。创刊号作者阵容强大，名家荟萃，其中一半是朦胧派代表诗人的作品，比如海子的《阿尔的太阳》、杨炼的 800 行长诗《西藏》和江河的《太阳和它的反光》。

《北国》创刊号约稿的目标并不局限于山西大学或山西的诗人，而是放眼全国的新诗代表诗人。

带上朋友写给江河的明信片，潞潞去北京“取经”。名信片上写着：“江河，潞潞和我过从甚密，诗写得非常好，他去看你。”江河的家在白塔寺附近。他让潞潞看他的笔记本，上面抄着洛尔迦、埃利蒂斯等外国诗人的诗，字迹隽秀，非常漂亮。和江河的相识，开阔了潞潞的视野，也为《北国》诗刊创刊号搭起了向全国新诗潮代表者约稿的桥梁。

潞潞随后写信给江河，介绍李杜去约稿。1984 年，李杜和《太原日报》副刊编辑陈建祖，带着北国诗社会员凑齐的 175 元，乘上了去北京的绿皮火车。在北京，他们大开眼界，收获满满，见到了江河、杨炼、西川、一禾等，至少有十来个人。

李杜和陈建祖住在大栅栏，每天一大早就出门去约稿。在《十月》杂志编辑部的阳台上，李杜、陈建祖和一禾聊了整整一上午，中午一禾请他俩吃饭时说：“有两个人必须见，一个海子，一个西川。”他们几经周折，没有找到海子的家。幸运的是，在北京大学见到了西川。就在学校附近的 332 路公交站牌下，他们坐在马路牙子上，聊诗、聊“北国”。

1999 年，山西大学北国诗社举办“海子逝世 10 周年诗歌朗诵会”，潞潞携带 1997 年购买的《海子诗全编》应邀参加，并请诗社成员在书的扉页上签名留念　潞潞提供

潞潞还写信向谢冕、江河、杨炼、刘湛秋、翟永明、周涛等全国各地的著名诗人约稿。遗憾的是，当时的约稿信，包括一封一禾写给他们的长达 13 页的信，还有这些著名诗人的手稿——这些完全有资格陈列在中国文学馆的资料——全部遗失了。

评论家金汝平说："《北国》诗刊从初创就突破了地域局限，没有把诗歌的眼光局限于山西大学、山西本土，这体现了潞潞和李杜等北国人敏锐的眼光、博大的胸怀、先锋的诗歌意识。"

《北国》创刊号很快在全国流布，校园诗人们争相传阅，一时声名鹊起。"北国"以及全国众多高校诗社所引发的全国大学生诗潮，成为当代中国诗歌的经典事件。

一个激情洋溢的诗歌创作群体，一部承载着理想与情怀的诗集，成为太原这座有着 2500 年建城史的城市意象和重要的文化符号。

1977 年，中断了 10 年的高考恢复，极度渴望知识的人们如饥似渴地寻找通往知识殿堂的道路。顺应这种形势，《山西青年》于 1981 年在全国独创了刊授大学，聘请全国知名学者编写教材，邀请大学教授、学者面授课程，在《山西青年》刊登学习内容…… 一时间，《山西青年》洛阳纸贵，全国各地报名上刊授大学的人达 67 万，创造了一个时代求学求知的神话。

实物提供 :《刊授大学记忆》编委会

# 67 万学员的刊授大学神话

讲述：杨　宗

采访：雷永莉 郭　悦

1981 年，一个黄昏，著名诗人潞潞手里攥着一沓稿纸——上面是自己整整齐齐誊写好的诗稿，走进山西青年杂志社投稿。

1985 年，喜欢收集邮票的曾波从《山西青年》杂志上找到了拉萨皮革厂厂长的通讯地址，写信希望能得到一张印有当地风景的邮票。

1989 年，山西大学中文系二年级的雷永莉给《山西青年》杂志写信投稿，一首短诗，标题是《男孩子与香烟》，没想到竟然发表了，更没想到，一个学生宿舍铺位的墙上，贴着从杂志上剪下来的那页诗。

……

从上世纪 80 年代走过的人，很多人都有一段与《山西青年》亲密接触的记忆，不仅仅是山西人。而《山西青年》轰动全国的一个事件，并非杂志上发表的文章，而是它开天辟地创办了一所大学——刊授大学。当时上课的情景是：能容纳 5000 人的湖滨会堂座无虚席，连过道里、窗台上都挤满了学员。

1981 年，《山西青年》杂志顺应改革开放的时代潮流，体察“被耽误”的一代人对知识的渴求，创办了全国第一所没有围墙的杂志大学——刊授大学，掀起了高等教育自学狂潮，全国各地报名上刊大的学员达到

67万人，创造了一个时代求学求知的神话。

## 一、《山西青年》创办刊授大学

1977年，中断了10年的高考制度恢复，改变了千千万万人的命运。然而，高考录取率的限制，仍旧满足不了人们求学求知的热望。据统计，1977年全国参加高考人数570万人，录取人数27万人，录取率4.8%。

这种状况引起了《山西青年》杂志的关注，杂志立即顺应形势开办了《知识窗》《高考辅导站》《自修大学》等专栏。专栏一推出就引起了读者的强烈反响，发行量由最初的1万多份逐渐上升到3万、5万、10万、20万、30万……

1980年10月，时任山西青年杂志社副总编的杨宗被团中央选为第一位地方青年杂志的代表，参加中国青年代表团，随时任团中央书记的高占祥团长出访日本，考察日本青年的学习、生活、婚姻等情况。

那时出国的人极少，据说那年全山西省只有23人出国。回来以后杨宗应邀到处作报告，其中有一次去太钢，讲完后，工人围着他说，人家能办汽车大学、火车大学，咱们能不能也办个什么大学？

访日的奔波，同时还马不停蹄地作报告，累得杨宗发高烧病倒了。在病床上，杨宗有了创办"杂志大学"的构想。这个想法得到了《山西青年》全体编委和团省委领导的赞同支持。

1981年的《山西青年》第1期，刊登了一则不到300字的刊授大学招生消息。接着第二期以较长篇幅用《为青年广开学路，为四化培养人才》为引题，刊登了《本刊就创办刊授大学答读者问》，正式刊发了要在全国招收刊大学员的消息。1981年1月23日，中央人民广播电台在全国的联播节目中播发了刊授大学创办招生的消息。

## 二、报名热潮席卷全国

“刊大是什么？”看到招生消息的人都对这个新事物充满好奇和探求。当得知这是“通过刊物传授指导大学中文专业，自学为主，面授为辅，杂志授课”后，从北方到南方，从城镇到乡村，掀起了席卷全国的井喷式的“我要上刊大”的报名热潮！

1982年，刊授大学报名处

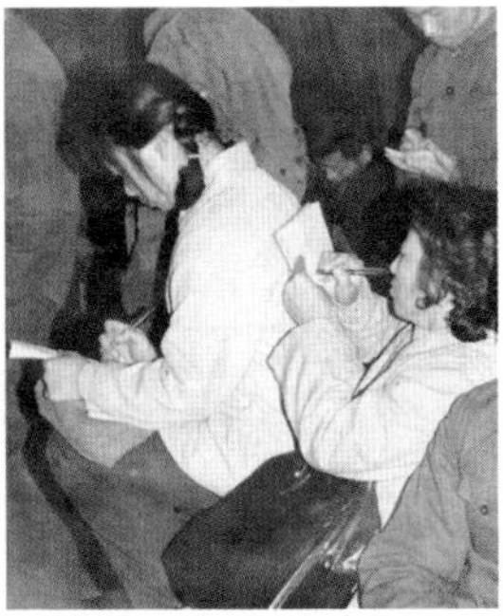

刊授大学学员在湖滨会堂听课

报名信件像雪片一样飞到山西青年杂志社，杂志社最多一天收到1.6万封报名信函，320多封报名电报。

报名信太多，刊大办公室放不下，楼道也堆不下，只好搭起临时工棚堆放。如潮的报名信函找不到足够的人来拆启怎么办？“找亲人解放军！”当地驻军经常派一个排、一个班的人帮忙拆报名信。

报名时间截止后，仍有大量读者发电报、走后门、写血书报名，甚至千里迢迢从全国各地专程赶到太原，表达自己要求上刊大的真诚愿望。

杨宗原来的设想是：“保证招生1万，争取达到2万，希望能有5万。”他万万没有想到，第一期就报了50万人。

1984年3月27日，中央电视台播放“当代保尔”张海迪热情鼓励自己两次高考落榜的好朋友王艳蕊报名上刊大的动人故事。在张海迪的鼓励和开导下，王艳蕊跳出自卑的泥潭，上了刊大，经过刻苦学习，成为一名经常在报刊发表作品的业余作家。张海迪用自己的生命之烛，照亮了一位落榜女青年的自学自强之路。

湖南永州市青年唐三幸很想报名上刊大，但因家庭贫困买不起火车票，就骑着单车风餐露宿 25 天来到山西青年杂志社。当时，像他这样骑车百里、千里报名的人并不罕见。唐三幸坚持在刊大勤工俭学，自学成才，1996 年撰写出版了《社会运动学》专著，得到了中共永州市委宣传部的表彰。

1984 年 1 月 9 日，上海《文汇报》刊登了该报记者张冠华采写的一篇通讯：上海市监狱举办了一场特殊的婚礼，一位师级干部的女儿同一名曾经服刑 7 年但已改过自新的失足青年举行婚礼。这个改过自新的失足青年是上海益民食品厂工人金城，1981 年报名上刊大，因学习努力，在太原得到了专程参加刊大会议的王光美、侯宝林、严文井、唐弢、马烽等人的亲切接见与热情鼓励。新娘是开电梯的共青团员李超英。李超英为啥看上了金城？她说，金城不仅踏实肯干，而且好学上进，坚持在刊大自学。

### 三、明星踊跃上刊大

在众多刊大学员中，有不少演艺界人士，他们好学上进的行动激励了一大批青年上刊大。

1982 年 6 月 6 日，上海《新民晚报》刊登了一则《秦怡为啥要上刊授大学》的特写。刊授大学派人赴上海邀请著名表演艺术家秦怡担任刊大顾问。秦怡说，她刚从日本回来，就在报上看到了全国第一所刊授大学创办的消息。她说她不当顾问，要当一名学生，并提笔写下“我愿当一名刊授大学的小学生”。

方舒是上世纪80年代家喻户晓的电影明星，在已经取得了大学文凭的情况下，也报名上刊大。她说："我报名上刊大完全是因为自己想在文学，特别是在中国古典文学上弥补自己的欠缺。刊大授课的计划、传授学习的方法，很适合我这种不稳定的工作性质。文凭我已有了，但知识仍感不足，我会努力做一名合格的学生。"

1983年6月，马季、姜昆等著名相声表演艺术家到石家庄演出，和两百多位刊大学员交流了他们上刊大的学习体会。马季说："我为啥上刊大？年龄大了，正规大学人家不要，上夜校、电大吧，我们工作满天飞，坐不下来，还是上刊大好。"32岁的姜昆说："我是'文化大革命'前的初三生，李文华老师是初小二年级，我俩加起来还没有高中毕业呢。"姜昆还讲述了自己艰难的自学之路，他走过弯路，碰过钉子，与刊大同学一样，经历了10年磨难，靠勤奋自学成才。他还介绍了自己学习刊大教材《现代汉语》《古代汉语》之后的进步。

著名歌唱家李谷一曾两次写信给刊大。第一封信中说："刊大开学了，要把我们的青年一代造就成为国家和人民的有用之材，这是多么有意义的事业。"

## 四、课本、讲座、广播、录音……一个也不能少

通过定期出版发行的刊物，系统地安排进度、阐述要点、释疑解惑、指导练习、促进自学，是刊授大学的教学主渠道，也是刊授大学首创的刊授教育的基本特征。《山西青年》杂志上的刊授专栏，就是刊大学员"不见面的老师"，源源不断地向广大学员提供自学辅导。

随着生源的扩大与教学的深入开展，刊大又另辟蹊径，先后出版了《习作与辅导》《刊授导报》《大学中文刊授》《我的大学》等自学辅导与习作点评期刊，共出了88期，累计发表辅导资料与学员习作538万字。

刊授大学特邀专家学者编写了《中国实用文体大全》《中国实用人际关系大全》《中国实用方法大全》和《中国实用禁忌大全》等实用系列教材读本。北京大学著名教授王力称赞其“填补了中国实用文体写作空白”的《中国实用文体大全》，在全国发行400多万册，多次再版，被评为“全国十大优秀畅销书”。

看到这些刊大教材，学员们如获至宝，每一本都包上书皮，如饥似渴地阅读，小心翼翼地保存。在那个书籍还属于稀缺物品的年代，它们浇灌、滋养了无数人饥渴的精神世界。

为了促进学员自学，刊大校部及分校、办事处、辅导站，定时在学员集中地举办大讲堂，请当地著名教授、学者讲课辅导。太原湖滨会堂是刊大校部开办大讲堂的地方。当时，本来只能容纳5000人的湖滨会堂被称作山西最大的会堂，每到面授时间，有时要挤六七千人，台上台

1982年，刊授大学在湖滨会堂面授时的场景

下、走廊内外都挤满了人，蔚为壮观。学员们屏息凝神，奋笔记录，其情其景，感人至深。大家没有座位就坐在地上，没有课桌就用膝盖充当。有的学员不能到现场去听课，刊大就另辟蹊径，进行电化教学、录音教学。他们组织全国的知名教授到太原录制节目，一盘一盘地录在盒带上，再复制到电台播放用的大带子上，山西人民广播电台每天在下午 5 点半播出，每次 30 分钟。

著名诗人公刘曾写下《刊授大学之歌》，非常形象地再现了那个时代的学子们在刊授大学实现求知梦想的精神：

有一扇红色的大门，
向所有的心脏而放，
不要围墙！
不要围墙！
……
有一支远征的队伍，
在飞翔中锻炼翅膀，
战胜风浪！
战胜风浪！

有一种追求的脚步，
在开拓中轰然震响，
认准方向！
认准方向！

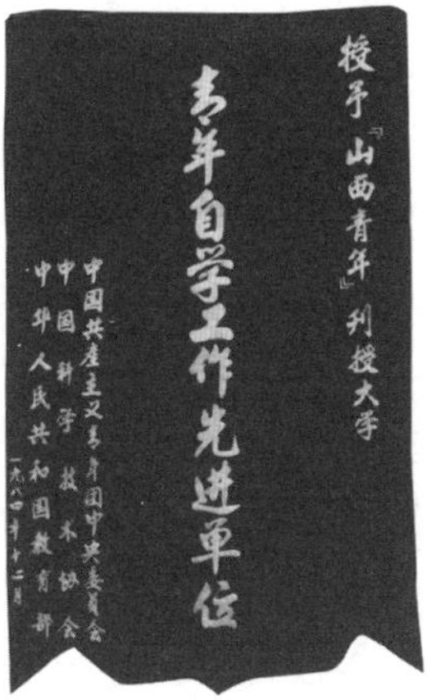

1984 年，团中央、中国科协、教育部授予刊授大学“青年自学工作先进单位”锦旗

英语学习是刘切人生的一个痛点。花过时间，下过苦功，最终却一无所获。直到现在，他还对学好英语抱着好像不切实际的希望。他曲曲折折的英语学习历程，五味杂陈，也妙趣横生。大时代中的普通人，在许多事情上陷入了尴尬的境地，刘切的遭际可以说是颇有代表性的一例。

实物提供：刘　切

# 我的英语学习生涯

讲述：刘　切

我是 1983 年参加高考的。那年高考有一个细微的变化，就是英语按 100% 的分值计入总成绩。头一年还是 70%，就是说如果你考了 100 分，那么就按 70 分计。当然，如果考了 0 分，那就无所谓 100% 还是 70% 了——那几年高考英语得鸭蛋的可不在少数。这是一个有着隐喻意味的变化：英语学习从 1983 年开始，就不能打折扣了。——我的高考英语成绩是 78 分，在县中学是一个非常高的分数，据说全校排十几名的样子。

一上大学，在英语学习上，我就被自卑的情绪所笼罩。一开始我分在了快班，上了几节课，便知道了快班的厉害。老师在课堂上中英文混着说，连提问都是用英语，而在中学的时候，老师有 90% 的时间是在讲中文，英语好像只是捎带的。这样一堂课上下来，云里雾里，不知所以。罢罢罢，人贵有自知之明，我索性主动申请退到了慢班。虽然慢班也慢不到哪里去，但到底难度降下来了，好歹总是能学个大概。

就这样浑浑噩噩学到大二结束——不知道现在课程是怎么设计的，我上大学时英语在大一、大二是必修，大三就成选修了，当然还没有四六级这样的考试雪上加霜摧残人——我如蒙大赦，一下轻松了好多。经过反复评估，我认为自己说一口流利的英语显然是没指望了，最多也就是读读浅显的文章，而这样不过是徒费精神，没什么意义，于是和几个不求上进的损友放弃了继续在英语上精进的念头，立志只在伟大的汉语里寻找人生的真谛、实现人生的价值。

我不学了，而绝大多数同学还是一如既往地学而不倦。沉舟侧畔千帆过，无论清晨还是黄昏，教室里，操场边，小公园的林荫小道上，到处都能看到他们锲而不舍的身影。每次与他们擦肩而过，心里总有些不踏实，隐隐约约觉得自己做了一个错误的决定。课不上了，但还是有事没事就拿了单词本、小读物念一念。正儿八经跟着老师学都学不会，这样零敲碎打怎么可能进步？很快英语水平就江河日下。回过头来看，大三、大四的自我放弃，铸成了一生的大错，错过了学习英语的最佳时间，断送了学好英语的一切希望。

《大学英语》 刘切提供

大学毕业参加工作，本来以为与英语从此相敬如宾两不相扰，殊不知，真正的狗血剧才刚刚开始。从这个时候起，我与英语进入了永恒的纠缠状态。

上班没几年，就有机会受单位委派去美国短期学习。在这些日子里，靠着大学英语的残余，连比带画地和洋人交流，那种磕磕绊绊的难受劲就别提了。当时心生悔意，觉得早早放弃英语学习真是天大的错误，暗下决心，要重新开始，做一个迷途知返的有志青年。那时候年轻，说风就是雨，回来后立刻约上女同事，报了铁匠巷的英语学习班，每周两次课，学费好像是一年600块，在上世纪90年代初这也不算是一笔小的开支，可见是真下了决心的。无奈同事长得太美，我的心思全花在了上下学路途的散步聊天上。一年下来，和女孩子聊天的本事突飞猛进，而英语水平却不见有多大提升。课程终了，同事告我不再继续上了。我失望之余，也诺诺告退，偃旗息鼓。

此后几年，一仍其旧，三天打鱼两天晒网地背背单词，看看英汉对照，什么《红字》《小妇人》《艰难时世》也就断断续续看完了。那个时候，一套神级的英语学习教材《新概念英语》由外研社和朗文出版公司联合出版，几乎所有学英语的人都对这套教材趋之若鹜。我也兴冲冲地买了一套，一通狂背，但到底没有恒心，背过第一册便半途而废了。当时我就大发感慨，学英语真的走到穷途末路上了，即便是万能的“新概念”从天而降，也挽救不了失败的命运啦。

大概是在 1997 年前后，单位选派年轻人到高校上在职研究生。别看我外语水平不怎么样，在单位还担着好学上进的好名声，第一批就被

英文原版图书　刘切提供

慧眼选中了。这个学历班共两个学年，每学期集中上课一个月，其余时间照常上班，以自学为主。我被选中后，顿时热情高涨，除了上课要用的精读、泛读、听力教材含磁带外，还买了一批原版图书，外加一套一般人都不知道的冷门教材《维克特英语》，四面出击，八方风雨，一时间又是听，又是看，掀起了大学特学的热潮。不要说在家日日坚持了，就是出差在外，无论时间长短，都要拿本英语书，有空就看。一本宇航出版社的《新编大学英语词汇手册》被我翻得血肉模糊、皮开肉绽。《新概念英语》第一册当然也不能幸免于难，角卷页翻，黑潮五烂，不堪入目。其间有件事值得特别留下一笔。一个偶然的机会，我从外文书店搞到一本 *Lady Chatterley's Lover*，虽然当时对外开放已有时日，但这样的书依然是违禁品种，轻易不能得手。买到这本书后，我硬是拿着英汉小词典逐字逐句看了下来，不夸张地说是下了硬功夫的。

现在想起来，那个时候可能是我英语学习的巅峰时期，不唯心收得住，苦下得了，水平也日升月进，大有起色。课后试题、模拟测试都做得有模有样，除了听力仍旧欠佳外，其他方面很是不错。两年时间说到就到，该着去参加全国统考了——只有通过了全国统考，才能拿到研究生学位。我和几位进修的同学兴致勃勃地去了河南开封赶考，但结果，乘兴而去，败兴而归，解名尽处是孙山，咱家更在孙山外。

经此一役，士气大挫，又动了始乱终弃的念头。为了免却反复无常的烦恼，我将书架上胡乱放置的英语书——少说也有100本吧，八九套教材，几十种读物——归拢到一起，全部放在了最顶层，束之高阁，高处不胜寒，够都够不见，人为制造障碍以断绝死灰复燃的念头。

此后几年无话。2007年金秋时节，我带着几位同事去北京参加博览会，会上主要是和那些金发碧眼的欧美人士洽谈生意。我一个40岁的人，按说应该受过正规的英语教育，但听来说去还得靠随行翻译，画风尴尬，心里颇不是滋味。和意大利一家公司就费用讨价还价，只听懂了一句“Little business”。这件事对我刺激蛮大，都21世纪了，大小总算是个头目，连门外语都不通，太说不过去了。回到家来，不顾艰难，架着梯子又把《新概念英语》翻腾了出来。——可怜的“新概念”，每次我发神经要学英语，它总是被我第一个拎出来。鉴于以前屡学屡辍的教训，这一次没有痛下决心，只是抱着试试看的念头。三五个月后，果然不出所料，我又一次跌倒在前进的路上。

我重新审视起学习英语的意义。断断续续在英语学习上花费的时间也不少了，英语没学好，而且把其他的事情也耽误了。既然英语学不好了，何不放下，把时间精力花在读书上、写作上。迷途的人儿啊，快快醒悟吧！

这一放够彻底，就像原来所想的，省出了大把的时间。除了评编审考职称英语外——这个可没有难度，胡乱复习一下，便考了97分——基本不想英语的事了。令人沮丧的是，英语不学了，但读书也不成，学剑又不成，终是一无所成，了此残生。

我的英语水平够丢人的了，岂知还有更差劲的。一位同事，女儿在美国工作，他打算等退休后到美国居住。为了日后打算，他狠下苦功学习英语，阅读、听力全套上，《新概念英语》竟然背到了第三册。一次聊天时他不无得意地说，不敢吹牛掌握了英语，但日常对话肯定没问题了。忽一日，携妻去了美国，我想他和美国人在一起一定是言谈甚欢，对答如流。后来听说，在去国到还乡的漫长日子里，他只说过一个英文词：No！他说出这个词不是表示否定的意思，而是告诉对方：我听不懂你在说什么，我不和你交流，我拒绝对话，别理我。他这样子，让人从何说起？至少我还会问句 Where are you from? 会为外国友人背背 Never forget class struggle；Down with American imperialism and all his running dogs! 我们这一代人的英语，谁说起来不是满腹心酸，谁说起来不是一本血泪账！ No! No! No! 什么也别提了。

现在我已年过半百，有时候会想起这辈子还有什么心愿未了，这时候英语学习这个人生的痛点就会浮现出来。一直以来都觉得自己学习能力不错，英语是真花了功夫学的，最终却一无所得。这对我的自尊心是一个沉重的打击，它让我怀疑自己的天赋、能力、习惯、意志，全方位地削弱、贬低了自我评价。我和那些英语好的同学、同事、朋友，隔着一个开放的伟大时代。

再过几年就要退休了，我又制订了一个计划——等退休后，到老年大学报个班，认认真真再学一回。我知道，不管日出日落，沧海桑田，我的《新概念英语》第一册始终像一个对主人无限忠诚的婢女，一直在等着我再次归来，重蹈覆辙。

还是刘欢唱得好，人生豪迈，只不过是从头再来。

## 聚焦家庭

再没有比家庭生活更琐碎的事了。

但列斐伏尔说："从一个女人购买半公斤砂糖这个简单的事实，通过逻辑的和历史的分析，最后就能抓住国家和历史。"菜市场才是最逼近本质的社会生活。

沙发、席梦思、冰箱、彩电、煤气热水器……各安其位，就像宇宙中发光的天体，充满了秩序感。衣柜静静地立在墙角，里面装着喜悦、憧憬和一声轻微的叹息。

谁打开这扇门，谁就能洞悉时代的面貌，谁就能窥见历史演进的路径。

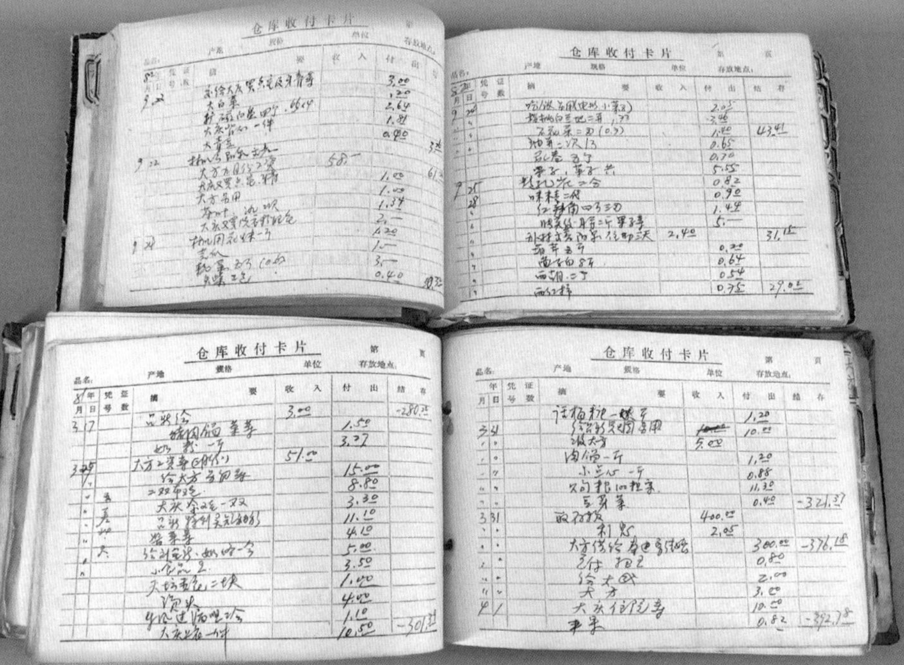


账本里，不仅有砂糖、油饼、鸡蛋、西红柿，还有人情世故、礼尚往来，中国人 40 年里经历的雨雪风霜。用一个馒头解决午餐，却坚持每天喝香喷喷的花茶；用心安排好每一分花销，不耽误尝试全新上市的香橙布丁。账本的每一条都能读出这样的人生信条——“我尽力生活了！”

实物提供：林　明

# 林老太太的记账人生

讲述：林　明

采访：黄海波

一册册新旧混杂的账本，整整齐齐地摆放在桌子上，让人以为这些账本的主人，如果不是钱庄掌柜，至少也是杂货店的老板。但仔细一看，却又出乎意料：好多账本的封皮上都标着“家庭日用流水”几个字，翻开看看，才知道是家庭日常开支的具体记录，不是蒜、葱 0.75 元就是白糖 5 斤 4.35 元。最小的开支是 1 分钱，购买的物品是气门皮。就是这样琐碎、细小的账目，从 1957 年一直记到今天。

账本的主人叫林明，88 岁的老太太，此刻正坐在沙发上，娓娓而谈，讲述这些账本的故事。老人满头银发梳拢得一丝不苟；皱纹密布的脸上，毫无迟钝之色，却有清爽之气，一颦一笑，犹有风姿；目光流转，可以想见年轻时一定是顾盼生辉的绝代佳人。这样的女子，本该是过着锦衣玉食的生活的，然而现实中却是每天关注家庭里以分以毛为单位的开销……明显的反差，令人对她的人生充满好奇。

## 一、爱情写进账本里

林老太太是北京人。母亲没有生育男孩，因为忍受不了婆家的歧视、羞辱，带着年仅 6 岁的林明出走到香山慈幼院做保育员。香山慈幼院是一个非常有名的地方，救助了很多的孤苦儿童，在教育史上有着巨大的影响。说起香山慈幼院，林老太太感慨颇深："慈幼院的老师们对我们可好了，我对慈幼院真是太感激了。现在我还留着那时候的东西。本来那是一所穷人的学校，后来名声大了，有钱人就把子弟送来，慢慢地成了贵族学校，结果穷人的孩子就进不去了。"

长大后林明上了天津南开中学。前几年南开百年校庆，林明不顾已是八十高龄，还专程回母校参加庆典。中学毕业，林明到了天津第一高级产科学院。后来辗转到山西，1957 年结婚。成家后一个具有标志性的事件，就是记账。"我这记账，就是从我们两人'金融合资'开始的。所有的开销，一笔一笔都写在账本里，不遮不掩，明明白白，显示的是一个信任。"60 年前，林明就把爱情"数字化"了，她还用无所不包的大数据叙述爱情、诠释爱情，以一种别样的方式，演绎爱情的美好。

林明的账本很有规矩，日期、物品、价格一应俱全，每月还有小结，收入多少，支出多少，二者相抵后节余多少、亏空多少，都一目了然。特别是 1976 年至 1984 年的两个账本，黑色硬壳封皮，左边订口打孔，

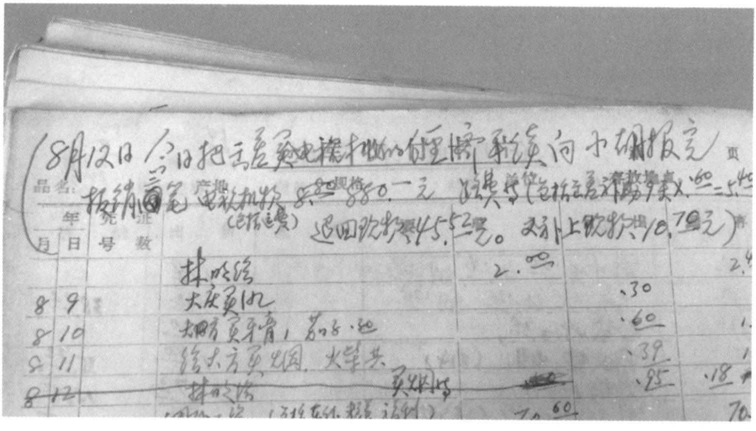


记账本　林明提供

用一根军绿色的鞋带拴系，右边切口处贴着分类的蓝色标签，有模有样，有型有款，过去大队会计的账本也不过如此吧。

恐怕连林明自己也没有想到，这一记就停不下来了。一个人记一天账并不难，难的是雷打不动记了60年。60年哪，整整一甲子，即使在时间的长河中，也不能算是短短的一瞬，更何况生年不满百，60年就是大半辈子呢。

## 二、难熬的日子好过的年

"难熬的日子好过的年"，老辈人都这样说。是啊，过年了，咬咬牙买上2斤猪肉、5斤白面，也就把年过得有滋有味了。但日子不行啊，日子是一天天熬下来的。其实日子和年一样难过。账本里有这么一条："本月工资515.90元，诊所收入783.00元，总收入1298.90元；本月家庭支出654.60元，诊所支出1141.20元，总支出1795.80元。超支496.90元。可怕极了！"在另一年的春节，林明写道："每到过年就超支！！！"三个大大的惊叹号触目惊心。林明平时记账，只是油盐酱醋、茄子黄瓜地写下来，很少发议论，但每发议论，都是直抵人心，令人震惊。

林明婚后有了三个孩子。三个孩子嗷嗷待哺，日子过得紧紧巴巴。更糟糕的是，孩子们还没有长大，老伴又离世了。"他爸爸去世的时候，我把为孩子们结婚准备的被里子撕开，让他们都穿上白裤子。这些被里子都是我平时攒下钱买回来的，没想到派了这个用场。"

老伴去世，日子过得更难了。"我一个女人两个肩膀，扛着这一个家啊。"说到这里，老太太不由得眼圈一红，"80斤的煤提到楼上，60斤的灰渣提下来，这都是一个人干啊！"为了补贴家用，林明开了个小诊所，一天只吃两个馒头，早晨一个，晚上一个，而买馒头的开支，也被不厌其烦地记在了账本里。

烫发时兴的时候，林明40多岁，但她很少去理发店，不要说烫发40块了，连理发的10块钱，林明都不舍得花。她先理个短发，等长长点儿了，就扎成马尾巴；再长了，梳成齐及腰身的长辫子；最后还要拾掇成大盘头盘在头顶。

靠着一腔母爱，林明从丧夫的悲痛中走了出来。她将对孩子们的爱写进了账本里，用几十元的收入，将生活打理得井井有条，直到把孩子们一个个抚养成人，成家立业。在力所能及的范围内，她把生活经营到了最好。“我是一个要强的人。如果不要强，这日子早就过不下去了。这么多年来是吃了很多苦，但我也把孩子们一个个培养大，让他们受到很好的教育，所以我是痛并快乐着。”

老太太的账本里，隔不了多久就会出现“烟”“茶”这样的字眼。即使是在极度艰难的日子里，账本里烟与茶也没有缺席过。“奢侈品”的频繁出现，让人不免心生疑窦：林明是一个勤俭持家的好主妇吗？

烟是孩子们的爸爸抽的。“那时候也不懂什么环境污染，什么PM2.5，也不知道抽烟对身体的危害，他每天在单位拼命干活，回到家抽根烟放松放松，我觉得挺好的。俗话不是说嘛，‘男人不抽烟，白在世界上活一天’，只要他高兴，我并不觉得抽烟是生活的负担。”老太太说，那时候的烟卷名字叫得挺大的，什么“海河”“大光”“黄金叶”，听起来好像价值千金，其实挺便宜的，几毛钱一盒。弦外之音，听得出老太太对自家男人的疼爱和怜惜。

林明从小就喜欢喝茶。从二十几岁参加工作开始，喝茶成了习惯。在她的濡染下，全家人都和茶结下了不解之缘。“多少年来，我只喝花茶。我喜欢花茶的香味，闻一闻都是享受。”老太太说，似乎一下子就沉浸在花茶馥郁的香气之中。在中国文化里，茶叶一向不是简单的饮品，它蕴含着很多，意味着很多。在林老太太的账本中，同样如此。往小里说，这是人生小小的乐趣；往大里说，这是映照在庸常生活中的高贵的光辉。几片尖尖细细的茶叶，是一家人通向精神世界的舟筏。悠悠茶香，给艰难的日子涂抹上了一层炫目的光彩。

列斐伏尔说，从一个女人购买半公斤砂糖这一简单的事实，通过逻辑的和历史的分析，最后就能抓住国家和历史。林老太太的账本里，不仅有砂糖，而且还有罐头、饼子、西红柿，社会学家看了，还指不定能发现什么深奥的秘密呢。

### 三、记账传统不能丢

说到现在的生活，林老太太总是掩口而笑：“太好了！实在是太好了！”喜悦之情溢于言表。

时代进步了，家里的生活也有了大大的改善，不用再像以前那样连买个袜子手套、馍馍花卷都得精打细算，连大带小 7 个孙子辈，每年光是压岁钱就得准备 7000 块。老太太喜滋滋地包了红包送出去，嘴里还说：

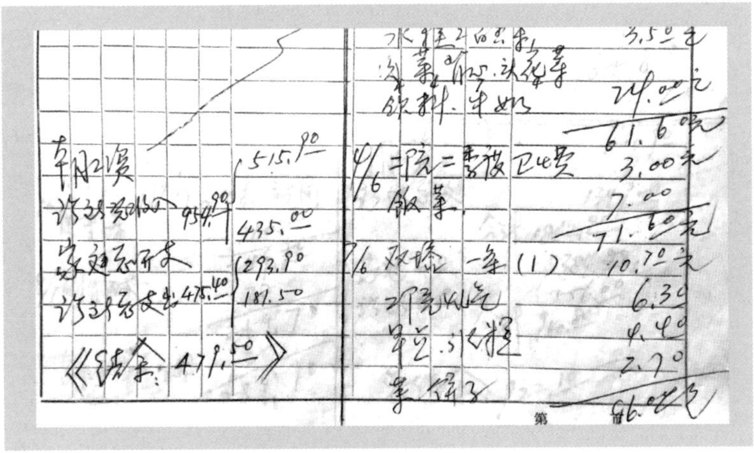

记账本　林明提供

"又来哄奶奶的红包了！"最近老太太把积攒下的40万块钱平均分给了三个孩子，"趁我还清醒着，把这些事都办了，省得我两腿一蹬，孩子们又找银行又查密码的，还可能生出是非。"

还记账吗？当然。林老太太说："生活真是好了啊，无内忧外患。以前是因为计划经济，现在用不着了，但账还是每天都记，这叫'享受消费的乐趣'。我每天很忙，又是买菜，又是记账，真的是太忙了！"

林老太太早上起来，就骑上自行车——没错，一辆橘红色的26坤车——到元禾菜市场买菜，这儿买几根芹菜，那儿买块豆腐，到日子了又去缴电费50元，固话费100元，路上顺便给小外孙买两块钱一支的棒棒糖，赶中午骑车回到家里，一天的花费一分不落地写在账本上。

"去年自行车放在楼道里，被人偷了，把我气得好几天不高兴。你这专偷没有腿的，什么事嘛！"老太太笑呵呵地说。

记账成了林老太太生活的寄托，她还把自己的记账传统发扬光大了，不仅记家用消费的账，而且基本上把日常生活全部记下来了。看《百家讲坛》，什么易中天、纪连海、康震，林老太太了如指掌；苏东坡的诗、李清照的词，写在本本上，不知道背了多少首，都滚瓜烂熟。《新闻联播》《海峡两岸》，国际国内大事小情，尽在林老太太的掌握之中。"我一般不看电视剧，太肤浅，咱们从小看《高老头》《战争与和平》，这些个电视剧比不了。"林老太太摇摇头说，"近年来只有一部《芈月传》还说得过去。"

更神奇的是林老太太的《麻将账本》。每天下午，老太太都要和另外几个老太太——一个96，一个93，一个85，都是一起慢慢变老的好闺蜜——切磋几圈，赢了5毛6，输了3块7，这些都要一笔笔记下来，林老太太昨天给儿子打电话："今天好哎，赢了1块8。"说的时候自己忍不住哑然失笑。《麻将账本》到2018年6月的时候已经记到了第九册。

长期的记账习惯使林老太太保持了清醒的头脑。保健品代理商想忽悠她的钱，始终不能得手。黄昏时分，林老太太会坐在电子琴前弹上几首曲子，“卖豆腐挣下了几块钱，集上我称回了二斤面……”琴声低回婉转,把人的思绪带入对往事的回忆之中。这是记了60年陈年老账的手，抚弄抚弄黑白键盘，简直是太容易的事了。

1955 年，中国市镇人口的粮食开始实行定量、凭票供应，粮油肉蛋等主副食品都要凭证购买。到了 80 年代，好些东西不需要粮票也能买了。有人推着车吆喝："粮票换大米，粮票换鸡蛋来！"1993 年，粮票作为一种实际的有价证券，退出历史舞台。"票证时代"的结束，使这千余斤的粮票成为历史的见证，冉阿姨家的故事也成为时代进步的缩影。

实物提供：冉碧蓉

# 1000斤粮票

讲述：冉碧蓉

采访：闫 英 安志萍

刚做完手术一周的省工会退休干部冉碧蓉阿姨在报纸上看到了“时尚回响”征集展品的消息，慷慨捐赠了1182斤粮票，其中全国粮票104张共502斤、山西省细粮票31张共310斤、山西省粗粮票31张共370斤。这些都是冉阿姨一家从1958年开始慢慢积攒下来的。

83岁的冉阿姨清楚地记得，从1955年开始，市镇人口的粮食开始实行定量、凭票供应，粮油肉蛋等主副食品都要凭证购买，有钱没有粮油票证也是白搭。

当年家家户户都有一个《粮食供应本》。到了一个月头上，人们第一件事就是带着购粮本、粮票，拿着白色面口袋去粮店称回一个月的供应粮。成年人一个月28斤粮，最困难的1960年只有24斤，小孩最少的是8斤，大学生能有33斤。粮食还要分粗粮、细粮，太原人每个月有30%的细粮（白面），剩下的70%是粗粮，包括红面、玉米面、高粱面。新年、春节的时候会供应1斤大米、半斤黄米面，让大家改善生活。红薯很稀罕，虽然不是主食，但也要拿上粗粮票，在粮店排长队才能买到。在饭店买花卷、馒头、饼子和压面条这样的熟食，得有全国粮票或山西省粮票。肉、鸡蛋、豆腐、粉条、白糖、点心、黄豆各有各的号。每月每人只供应3两油，所以大家在肉铺都抢着买带厚厚一层肥膘的猪肉，回家炼大油。

既然粮油票证都是定量发放，冉阿姨一家是如何省吃俭用，省下来这么多粮票呢？

## 一、精打细算过日子

1956年，冉碧蓉结婚，丈夫张修生和她从小学到高中都是同学。1958年，正值“大跃进”时期，冉阿姨和丈夫参加招考，进了刚刚在小井峪建成的太原焦化厂，和工人们一起搞焦煤化验。冉碧蓉在化验室。除了日常工作，行政科长还给她分配了额外的任务——用蜡板刻饭票。票面分两种，粗粮2两，细粮2两。得拿家里的粮票换上饭票，才能在职工食堂吃饭。因为刻蜡板的缘故，她得到了科长的照顾，可以用10斤粗粮票换10斤细粮饭票，所以那时候她吃的细粮比别人多。

冉碧蓉和张修生1956年的结婚照　冉碧蓉提供

食堂的饭没有油水，人们吃完饭不舍得把剩下的菜汤和辣椒倒掉，要留到饭盒里，等晚上饿得不行的时候，兑上开水喝。她饭量小，倒不至于经常觉得饿。

因为吃不饱，有人研究出了代食品，有人造肉精、小球藻、红茶菌。冉碧蓉记得食堂卖包子，馅是把人造肉精和大葱剁在一起，味道很古怪，但人们也都抢着吃。

刚结婚时，她和公婆、兄嫂全家八口人住在一起。半坡西街52号，一个大杂院。那个地方曾经是个木器厂，先后迁来二十多户人家，都是河北邢台地区南河县好桥镇好桥村的，和她的公公婆婆是老乡。

人们的肚子里没油水，仅靠供应粮难以果腹，尤其是人口多或男孩子多的人家，常常会断顿，人们只好设法寻找代食品充饥。冉碧蓉的公公当时在太原酱菜厂上班，是制粉车间的工人，会将每日漏制粉条剩下的粉渣带回家。

"粉渣在河北农村是用来喂猪的，在厂里平时都当废料扔掉，可那些年粮食不够吃，这粉渣也成了宝贝。"冉碧蓉记得，公公每天下班把粉渣交给婆婆，由婆婆混上玉米面蒸成渣窝窝。一大家子人，早晚饭就是熬一锅玉米糊糊，就着咸菜吃渣窝窝。"这窝头看着像现在的黑米面馍馍，可是闻着臭，吃着酸，实在是难以下咽。"因为她当时怀了二儿子，才享受到特殊待遇，可以不吃渣窝窝，而是吃玉米面窝窝。一提起渣窝窝，冉阿姨至今心有余悸。

公婆老家在河北，亲戚众多，河北又常遇灾荒。一到那时候，大姑子一家和侄儿、侄女、叔伯兄弟就会来太原小住。家里粮票是按人口供应的，小心翼翼精打细算才勉强够用，所以家里一旦来了客人，吃饭就成了大问题。

怎么才能省下粮票呢?

1961年，焦化厂下马，冉碧蓉和丈夫被安置在太原市工会下属的太原工人第二牛奶场，她也就没有机会用粗粮票在食堂吃细粮了。幸运的是，1963年她和丈夫因为工作表现好，被调入山西省总工会，当年就分到了一套房子。公婆给分了一些粮票，他们一家四口开始独立生活了。可她从没忘记公婆家的粮票难题。每年她和丈夫都有机会去全国总

上世纪 60 年代初的冉碧蓉一家四口　冉碧蓉提供

工会出差学习，出差时她得把山西省粮票换成全国粮票，这样才能在北京买饭吃。当时全总有专门的招待所，一日三餐要先交粮票。她每天早上在离招待所不远的街口小摊上吃，喝碗豆浆、吃根油条，只需要 1 两粮票就能搞定。中午也不回招待所吃，而是在西单商场斜对面的小吃摊上买两个包子凑合一顿。晚上还是在卖早餐的摊上买两个饼子，回到招待所倒上一缸子热水就着吃了。这样一天下来就可以节省 1 块 2，粮票也省下了。这就是 502 斤全国粮票的主要来源。

## 二、想方设法改善生活

1971 年，冉碧蓉到了垣曲县王茅公社下亳大队，丈夫响应干部下乡的号召，当了王茅公社副主任。俩儿子的户口跟她一起迁到了农村，但人还留在太原，住在东仓巷 21 号省工会宿舍，由奶奶照顾。劳动了两三个月后，她被调到丈夫所在的王茅大队，有了两间旧窑洞，把小儿子接了过来。

垣曲是小麦产区，全家人不仅没有挨饿，吃的还都是细粮，小米都

上世纪70年代初的冉碧蓉一家四口　冉碧蓉提供

很少吃。而她有个同事分在岢岚，一年只有过年时才能吃顿白面。因为当地是公社所在地，有豆腐坊、屠宰场，还有个供销社，吃东西不再是难事。冉碧蓉被分配到菜园干活，一天两次出勤，工作也不算太累。1973年,省工会恢复工作,作为最年轻的干部,冉碧蓉和丈夫被调回太原。

回太原的路上，冉碧蓉和丈夫数着这几年在垣曲省下的粮票，内心充满喜悦。

全家人都在想办法改善生活。菜店里的菜又贵又不新鲜，丈夫和院里的年轻人隔三差五在天还蒙蒙亮的时候就骑着自行车出发了，跑到郊区菜农的田间地头去买些茄子、西葫芦、萝卜、白菜，整整装满两大麻袋带回家。最远的地方还跑过榆次，都是为了正在长身体的孩子们补充营养。

怀孕时候营养跟不上，冉碧蓉1957年生的大儿子4.9斤；1961年生下二儿子，只有4.5斤，都是先天不足。在她和丈夫下乡、被派往中央学习班学习期间，家中年逾古稀的婆婆和不谙世事的两个孩子全凭哥哥关照。冉碧蓉很庆幸自己有个哥哥在铁路上工作，特别能干，父亲退休后，全家就靠他一个人挣工资，供她们姐妹四个读书，还负担家里的一切生活开支。

冉碧蓉夫妇下放期间，每逢周日上午，哥哥总是骑车将两个外甥带回自己家，饱食两顿。晚饭后再将他俩送到公交车站，帮他们付好车费，还给带上零花钱。小儿子回忆起在舅舅家吃饭的情景，说是有一回因为吃白米饭撑着了，肚疼得不行，还哭了一鼻子。回忆起这一幕，冉碧蓉笑中含着泪："那时候的口粮、副食可都是按人限量供应的啊。"

### 三、"票证时代"结束了

改革开放以后，生活条件好了，到了 80 年代，好些东西不需要粮票也能买了。有人推着车到院子里吆喝:"粮票换大米，粮票换鸡蛋来！"冉碧蓉从来没换过，她相信这世界上什么都作废了，粮票也不会作废。

就这样日积月累，从 1956 年开始至 1988 年前后的 30 年，冉阿姨一家竟积攒下粮票千余斤。

2017 年，84 岁的老伴因病突然去世。冉阿姨把这些曾经见证她和老伴共同生活、携手奋斗的粮票捐赠给我们，这份信任，令人感动。

听着她的讲述，望着这一沓簇新的粮票，我们的心里涌起莫名的酸楚。遥想当年，每个人一个月供应二十六七斤粮票，买块豆腐也要号，经常排了一下午队，轮到自己东西却卖完了，那种难过现在的孩子是体会不到的。吃过苦、挨过饿的那一辈老人，心中始终坚信"家有存粮，遇事不慌"。无论生活如何艰难，也不能吃干喝尽。幸运的是冉阿姨赶上了好时候，生活有了质的飞越，想吃啥就有啥。只有想不到的，没有买不到的。为了身体健康，现在的冉阿姨重新吃起了粗粮，黑米面馍馍、红面、豆面和蔬菜瓜果换着花样吃，吃的是健康，是长寿。

粮票作为一种实际的有价证券，从 1955 年发行到 1993 年退出历史舞台，反映了我国不同历史时期社会经济的状况和不断的进步。“票证时代”的结束，使这千余斤的粮票成为历史的见证，冉阿姨家的故事也成为时代进步的缩影。

冉碧蓉和张修生金婚纪念照　冉碧蓉提供

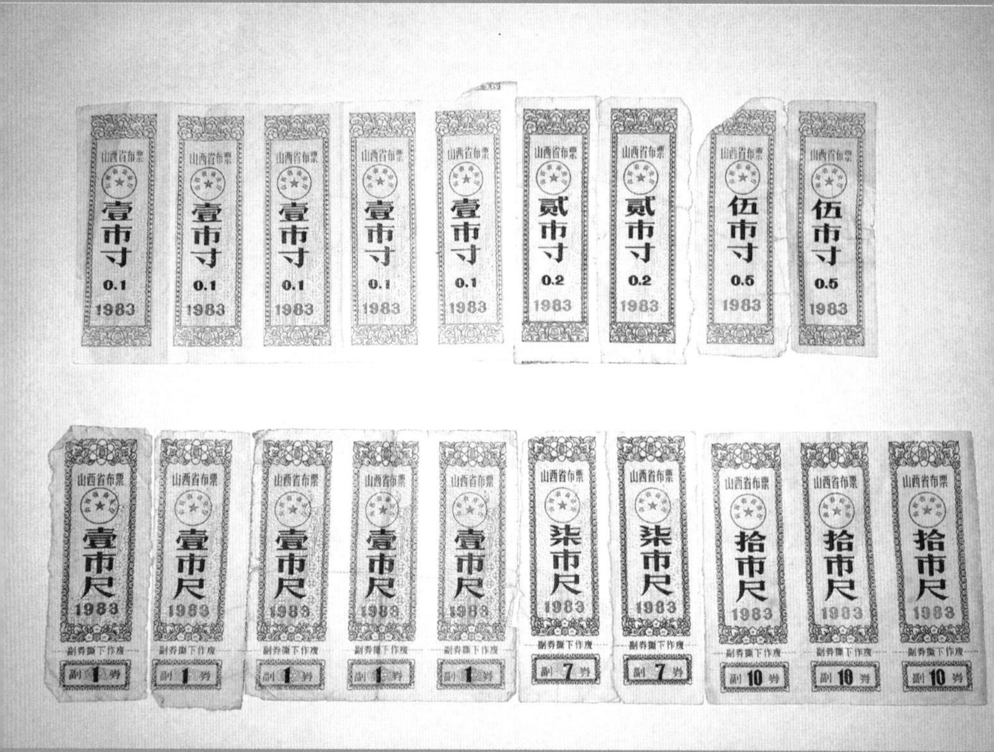


一人一年七尺布票，主妇必须有精算师的专业水准，才能勉强维系家庭成员的体面。扯了被里，就做不了新衣服；缝了条裤子，留下的布头要攒着纳鞋底。那时候的孩子，几乎衣服上都有补丁，补丁打得不好看的、补丁打得好看的，补丁多的、补丁少的构成了一条歧视链。当广播里传来布票作废的消息时，人们恍若梦中。

实物提供：王威 韩清莲 张彩霞

# 七尺布票

讲述：胡淑芳

采访：胡晓燕

胡淑芳生于1942年，住在解放路384号，对面就是解放路天主教堂。从她十来岁记事起，就知道了布票的重要性，没有布票，就买不了布，买不上布，就做不成衣服。那时按人头大概每人每年只有7尺布票，勉强够一个成年人做一身衣服。

为了买布做衣服，她曾和家家户户的主妇一样绞尽脑汁。“怎么也想不到，布票有一天会作废。”她说。

## 一、补丁衣服、套袖和假领子

在胡淑芳的印象中，家里穿得最漂亮的永远是哥哥。“冬天哥哥穿一件制服式棉袄，上面两个暗兜，下面两个吊兜，特别气派。裤子只穿毛料的，冬天一条藏蓝色华达呢，夏天一条灰色派力司，都是穿够一季拿到干洗店里洗。”哥哥对毛料裤子呵护有加，下班回到家，第一件事就是把裤子换下来，整整齐齐叠好压在枕头底下，这样一来第二天裤缝才能压得笔直笔直的。他每天走路到单位，一去了马上换工作服。在他的精心呵护下，穿了好多年的裤子看起来总像新的。

只有过春节的时候，弟弟妹妹们才能换上一件或一身新衣服。有一年时兴核桃呢布料，纯棉的，母亲选了枣红色，过年给她和妹妹一人做了一件上衣，还镶了黑边儿。这件衣服穿出去，左邻右舍都夸漂亮，连很少关注衣服的胡淑芳也知道自己今年与众不同。

商店里卖的基本上都是纯棉布，织得又粗，很容易破损。于是，打补丁的衣裤、袖套、假领子就成了那个年代的标志。

拆拆洗洗，缝缝补补，是母亲的拿手活儿。姐弟五个穿的衣服，大都是经过母亲拆洗缝补的，棉衣改单衣，大衣改小衣；或是老大的传给老二，老二的传给老三。排行老三的胡淑芳没穿过几件新衣裳，穿的都是哥哥姐姐替下来的衣服。大街小巷，穿补丁衣服的孩子到处都是，谁也不笑话谁。那时家家都有针线笸箩，里面装着针头线脑、杂布头儿什么的，打个补丁很方便。不讲究的人家，孩子的衣服是补丁摞补丁，胳膊肘、膝盖上、屁股上都是一些乱七八糟的补丁。有缝纫机的人家补丁会一圈一圈轧得很有技术含量。虽然胡淑芳家没有缝纫机，但母亲是个讲究人，打个补丁也要样儿，一定要找着相似的布料，用细密的针脚补在适当的位置。

衣服实在不能穿了，也不舍得扔掉，还得把它拆洗后裱成袼褙做布鞋的鞋底。所谓袼褙，就是用白面煮成浆糊，把破旧的衣服剪成布块，用浆糊黏连成一整块厚布，这种厚布可以做成布鞋底子。鞋底子要用麻绳轧住，俗称纳鞋底。鞋底叫千层底，因鞋底用白布裱成袼褙，多层叠起纳制而成，取其形象得名。千层底要滚边儿，做鞋面无论夹鞋还是条绒棉鞋，也都要滚口子边儿，半寸宽的边儿要用布票买回一大块儿布，打成斜条，起码二尺见方。

套袖，是戴在袖子外的套子，目的是保护衣服，一不易蹭脏，二不易磨破。当时的人，几乎都是戴着套袖的。阿姨们戴着套袖缝纫、洗衣、做饭，叔叔们戴着套袖倒灰渣、买米面、修理半导体。孩子们的套袖更简单，大部分是用不能穿的旧裤子做的，裤腿一剪，两头各缝上一条橡皮筋就好了。

说起假领子，其实并不假，是真领子，有前襟后片，有扣子扣眼，只是省去了袖子与衣身，用两根布带套住臂膀，穿在毛衣或者外套里面，以假乱真。假领子节约了钱，节约了布票，还像手绢一样容易清洗。晒到半干，用铁炉子上的冒气的大茶缸，在衣领上来回熨烫，这样既省时省力又省钱，连开水都不会浪费。

假领子 李建华提供

二、老家来人了

1968年，胡淑芳结婚了。爱人在十三冶工作，东北人。她注意到爱人有一种她从来没见过的衣服——衬裤。这种裤子由薄棉布制成，套在棉裤里边，裤腰和脚腕用带子扎紧收口。这才是名副其实的内衣！胡淑芳心里好生羡慕。看看自己，都是外面的裤子穿坏了才舍得套在棉裤里穿，不舒服不说，还走风漏气的。

“那时候东北人比咱洋气！”胡淑芳还喜欢穿爱人从东北带回来的棉猴，深蓝色卡其布面，带个帽子，四个明兜，比满大街的军大衣洋气多了。

胡淑芳有两个小姑子，其中一个小姑子从东北来，说是准备结婚了。一听这话，做嫂子的总要有所表示，胡淑芳领着她去钟楼街合作大楼，给姐妹俩一人扯了一块紫红条绒的上衣布料。一年的布票就这样用完了。

1970年，又一位小姑子也来太原探亲。眼看快过年了，胡淑芳张罗着给小姑子做了一条砖灰色涤卡裤子、一件棉袄罩衣。看她带来的被子太旧了，胡淑芳于心不忍，买了一床线绨被面，可当年的布票不够买被里子了。胡淑芳到处向人讨教，最后有人给她出主意，让她去买棉维布，“棉维布比纯棉布硬，可是买一尺棉维布能省下3寸布票，这样就够给小姑子买被里子了。”一条被子、一件棉袄罩衣，攒了一年的布票又没有了。

眼看着快过年了，胡淑芳把爱人单位发的白线手套，一只一只拆了，用白棉线给女儿织了一身线衣线裤，又买来缎被皱给女儿缝了件斗篷，“缎被皱不要布票，女儿才算有了过年的新衣服。”

## 三、的确良衬衣

十三冶是流动单位，哪儿有工程在哪儿干活。上世纪70年代初，胡淑芳的爱人随单位到了武汉，后来又去了上海。南方轻工业发达，纺织印染技术先进，每次爱人探亲带回来的花布都让胡淑芳一家大开眼界。

的确良绣花衬衣　文晓华提供

有一次，爱人提到了上海最时兴的一种面料——的确良。不过，她当时想象不出的确良有多好。

1971年夏天，胡淑芳赶时髦去理发店剪了个运动头，领着1岁的女儿逛钟楼街，售货员向她推荐的确良衣服。胡淑芳眼睛一亮，马上请售货员把衣服拿出来。

这是一件淡青色的确良衬衣，12 块钱。胡淑芳马上掏钱买了，穿上在照相馆照了一张相。

其实的确良有很多缺陷，比如不吸汗、不透气，可是却易洗快干，还比棉布结实，买一件顶三件。最重要的是买的确良不需要布票，这在布票不够用的时代太有吸引力了。

## 四、老了老了爱打扮了

1978 年，是胡淑芳命运发生改变的一年。这一年，太原市公开招考小学教师，一直转不了正的代课老师胡淑芳以南城区招考第一名的成绩，被分配到南城区教育局教研室，成为一名正式的人民教师。胡淑芳觉得生活稳定了，心踏实了，收入也提高了，之后的日子一年比一年好。

连买布也不再是问题了。1983 年 11 月 22 日，商业部发出通告，宣布从 12 月 1 日起全国临时免收布票、絮棉票，1984 年也不再新印发。通行了 30 年的布票终于废止，纺织品实行敞开供应，布匹供应日趋丰富，曾经人人追逐的的确良也逐渐退出市场。

1994 年，从郝庄小学退休后的胡淑芳也成了讲究人。她开玩笑说：“我从小不爱打扮。反正不管穿啥我都是家里最丑的，哥哥帅，姐姐俏，妹妹漂亮，小弟弟可爱。”年轻时，胡淑芳没有钱也没空闲，每天有干不完的活儿，没有时间也没有心情逛街买衣服。如今，76 岁的她日子过得轻松自在，她会关注电视里的人如何穿戴，看到喜欢的衣服会像年轻人一样冲动地买回来，会根据自己的喜好去搭配。“穿上漂亮衣服使人心情愉悦，生活充实美好，这么悠闲潇洒的日子，还有啥不满足！”

这是迈入上世纪 90 年代的第一顿年夜饭，餐桌上的菜品除了原来的鸡鸭鱼肉这些“硬菜”，更多的海产品也登上了餐桌。一张桌子渐渐承载不下这满满的“幸福”了，不得不将两张桌子拼起来，才能放得下这丰盛的美味佳肴。

照片提供：彭 亮

# 团圆饭

讲述：彭　亮

过年印象最深的事是什么呢？可能是压岁钱又或许是放鞭炮再或者是女孩子念念不忘的新衣服，而对于一个资深吃货，年夜饭才是我对过年的全部记忆。

## 一、团圆饭肉很多

刚记事的时候，家里过年都要准备一大桌好吃的饭菜。当时并不知道过年是什么意思，也不知道为什么要过年，只是记得过年会有很多好吃的。年前的一段时间，家里会买回来各种各样的东西，有时候还会有活鸡、活鱼，神秘而惊悚，然后，这些活物突然在一夜之间消失了，家里就多出来很多好吃的东西。

后来再大一点儿知道了，过年前采购东西是为了一件重要的事情——年夜饭。我们家的叫法是“团圆饭”，我们家的传统是在中午开饭，而不是夜里。在这一天，叔叔、婶婶、姑姑、姑父、哥哥、妹妹和我们一家三口都聚在爷爷奶奶家，支开餐桌，摆上满满一桌美味佳肴，开启一场饕餮盛宴。

说是盛宴有点夸大其词，因为其实并没有什么珍馐美味，只是一些家常的菜肴集中摆放在一起罢了。在早些年物资供应相对紧张的时代，年夜饭上的菜肴并没有选择的余地，一般就是猪牛羊肉、一只鸡、一条鱼。当时还没有冰箱，这些东西供应又比较紧张，买得少了怕菜不够，摆不满桌子显得寒碜；多买点儿吧，一是供应紧张买不到，二是怕天不够冷再给放坏了。于是爸爸就一方面精打细算尽量少买东西，另一方面勤学手艺变着花样来丰富餐桌。因为我们家一直跟着爷爷奶奶一起住，所以过年的时候自然就成了东道主，爸爸平时勤学苦练的烹饪手艺有了展示的机会。爸爸炸小酥肉、炸丸子、炸土豆时，我就跟在身边，他做什么我就吃什么，等他干完活我也吃饱了。

久而久之，我们家有了自己的春节菜单，烧鸡、酱肉、烧肘子、酱梅肉、小酥肉、木须肉、糖醋鱼成了保留菜品。随着市场开放，供应丰富，红烧带鱼、清蒸鱼、螃蟹等海鲜也登上了我们家的餐桌。有人要问

1985 年春节，彭亮和哥哥、妹妹在奶奶家吃年夜饭　彭亮提供

了，你们家桌上怎么全是肉呀？其实也不是没有菜，只是比较少。我们家长辈很传统地认为，肉菜多意味着生活质量高。

说到传统，我们家还有一个当今看来很时尚的传统，就是晒美食。餐桌摆好后，爸爸会给这一桌菜拍一张照片。当年没有微信，我们拍照片也不是为了给别人炫耀，就是做个记录，对比前一年生活质量有没有改善。这传统一直延续至今，只不过拍照片的人换成了我，我会把美食照片发到朋友圈，引来朋友们的各种羡慕嫉妒，没有恨。

如果你以为团圆饭只有过年才有，那你就太小看我们这个吃货家族的实力了。我们家是一个很有代表性的中国传统家庭，过年之外最重要的节日就是家里老人的生日。奶奶的阴历生日接近“五一”，爷爷的生日在中秋节和国庆节之间，这样一来一大家子十几口人就有了可以团聚的机会，团聚的重要环节自然是共享那一桌丰盛的美味佳肴。

相比春节的团圆饭，这两个节日的餐桌上多了许多当季的特色，比如香甜的瓜果梨桃，还有中秋节才有的螃蟹和月饼。记得有一年“五一”，餐桌上出现了一种大家以前只是听说过却没见过的好东西——新疆哈密瓜。之后每年的餐桌上都会出现一两种新奇的食物。直到生日蛋糕出现，这些节令食物的迷人光彩才渐渐褪去。

小时候吃过中式的生日点心蛋糕，桃子形状，染一点点绿色和红色，美其名曰“寿桃”。第一次吃奶油裱花的蛋糕是在 1984 年（当时还不记事，爸爸跟我说的），爸爸去北京出差，在王府井商场见到一种卖相漂亮、价格不菲的糕点，名曰“西点”，他就狠了狠心买了两盒回来。我以前从没见过这种东西，只觉得它长得好好看，五颜六色的，还很香，吃到嘴里的感觉不太好形容，像牙膏和泡沫混合在一起的味道。因为价格挺高又很稀罕，所以要照顾到全家所有人，最后好像也就一人分到了一小块。

12 岁吃生日蛋糕　彭亮提供

1988 年，桃园南路开了一家西饼屋，有一种用粉红色塑料盒子包装的圆形的裱花蛋糕（之前吃的裱花蛋糕都是小方块的），上面还写着“生日快乐”，后来才知道外国小朋友过生日要吃蛋糕，所以那个蛋糕叫“生日蛋糕”。那时的奶油生日蛋糕，名字叫奶油蛋糕，但其实跟奶油没什么关系，所谓的奶油是一种植物油氢化形成的人造奶油。人造奶油现在被视为洪水猛兽，但当年正是它满足了许多人特别是小朋友对美味的渴望。那时，我不光会惦记自己的生日，更会惦记什么时候爷爷过生日，什么时候奶奶过生日，哥哥、姐姐、妹妹们什么时候过生日，因为每逢家里有人过生日就又能吃到生日蛋糕了。

2002 年，爷爷的生日花馍　彭亮提供

现在生活更

好了，蛋糕的品质也更好了，大家都排斥人造奶油了，也不用一定要找个由头才能吃奶油蛋糕了，可是却再也没有当年吃蛋糕的那股欢喜劲儿了。说实话，我真的很怀念人造奶油那牙膏加泡沫的味道。

## 二、汽水泡雪糕

1984年，我们家餐桌上多了一种让小朋友兴奋得发疯的新饮料——汽水。

天龙山汽水　彭亮提供

以前小朋友们是没有什么饮料的，只有在生病的时候家里才会给冲上一杯橘子粉水，或者是用浓缩橘子汁兑的水。虽然当时已经有了健力宝，但是高昂的价格足以吓退兜里只有1毛钱的小朋友。1984年，爸爸的单位转产成为太原食品饮料厂，厂里研发出了“天龙山”汽水，我们家成了当时第一批喝到汽水的家庭之一。

第一次喝汽水，口感怪怪的，好多泡泡，还有点辣舌头，但真的很美味，然后我就忍不住大口咕咚咕咚地一口气把整瓶喝下肚。然而问题来了，汽水气太足，喝下去一会儿，气上来了就打嗝，而且鼻子和嘴巴一起喷气儿，感觉那个酸爽。

厂里每个月都会给职工发一盒雪糕（40支）和一箱汽水，从此我和妹妹就再也不用拿着几分钱坐在院门口等卖雪糕的师傅了。每逢夏天睡醒晌午觉，我们一人端着一个搪瓷茶缸，来一个汽水泡雪糕，那才是冰冰凉，透心凉呀！

饮料厂在从投产到破产的整整10年时间里，先后生产过天龙山牌汽水、果味水、冰淇淋和20余种雪糕，还生产过全国第一款以沙棘为原材料的名叫“沙维康”的饮料。这款饮料以丰富的营养和优异的品质，成为1988年汉城奥运会中国体育代表团拳击队的唯一指定饮品。现在这些都已成为历史，天龙山品牌也成为我儿时记忆里最美好的味道。

小时候在迎泽公园吃雪糕　彭亮提供

三、食物哲学家

小时候总听奶奶说，亏什么都不能亏嘴。奶奶从并东商场买来自己单位卖剩下的点心渣子，给我们当早饭补充营养。为什么买渣子？便宜，还不要粮票。

上小学，听爸爸说：“你正长身体呢。”他每天给我买果酱面包，给我订牛奶。

上中学，妈妈说："读书辛苦。"所以每天天没亮就给我准备好简单而又温暖的早饭。

在外地上大学的时候，每次从家走，爸妈都会给我装上满满一包好吃的，再拎上一瓶自己炸的辣椒，叮嘱我："一个人在外面别舍不得吃，钱不够再给你寄。"

工作了，妈妈见我就说："一定要吃早饭，不管多忙都要吃午饭，晚上不要吃太多。"

小时候，认为团圆饭只是一家人一起打打牙祭改善一下生活，长大了才发现团圆饭往往不是为了满足大家的口腹之欲，而是让大家找个由头聚在一起感受家的味道。餐桌上的每一道菜都是家的味道，算不上山珍海味，但隐藏在每一道菜背后的是掌勺人对每一种味道的斟酌与推敲，是我们对美好生活一点一滴的追求。

1997 年，73 岁的父亲在散步时，发现路边有施工后被丢弃的大理石边角料，就全都捡回家，决定用大理石把“香港回归”这四个字拼出来。从那以后，做过皮面木椅、小桌子的老人又坐在门前的桌上摆弄石条，终于成就了全世界独一无二的地砖。

照片提供：赵春玲

# 致我无所不能的父母

讲述：赵春玲

在孩子的眼里父母是无所不能的，尤其是对我们家8个兄妹来说，可能比别人有着更深的感触。

## 一、母亲：上足发条的马蹄表

上世纪50年代初，大姐大哥出生，家里4口人，靠父亲的工资生活，一个月30多块钱。逢礼拜天父亲会买条鱼，偶尔还会带姐弟俩去吃油条豆浆，生活蛮好的。

到了上世纪60年代末，4个哥哥和我相继出生，家里的生活慢慢捉襟见肘。父亲的工资虽然涨到54元，但要养活一家人，日子过得紧巴巴的。母亲精打细算地花每一分钱。

孩子们的衣裤鞋帽都是母亲自己缝制的，父亲的工作服，经过母亲的改制就是几个哥哥的新衣服。新三年，旧三年，缝缝补补又三年，就是我们家的生活写照。我的记忆中穿的衣服都是二姐退下来的，妹妹则穿我的衣服，就这也经常入不敷出，母亲就接些缝缝补补的活计补贴家用。在母亲的操持下，我们穿的虽然有些破旧，但却干净整洁。

为了补贴家用，大姐15岁就出去工作了，在省建二公司的工地上当小工。每到休息日，父亲都会骑车带大姐去河西的工地上挖野菜，一麻袋瓷实的野菜搬回家，母亲尽心尽力地变化着花样，蒸高粱面包子，做野菜饭团子，熬玉茭面菜糊糊。所有的心思都只是为了不饿肚子。对于弟弟妹妹们来说，大姐操劳如母，亦能干如父。

1966 年，大哥也参加工作了，在太原棉织厂当一名修理工。学徒期间的工资是 20 块 6 毛，家里又多了一份收入。母亲心中喜悦，找出平时积攒下的帆布布料做面儿，一条用旧的棉花绒毯子当里子，参照邻居从商场买回的大衣样式，先画好纸样，再把纸样在布料上铺好，画线、裁剪——她要给我大哥做一件带帽子的棉大衣。衣服裁好了，母亲用了一个礼拜时间，一针一针地缝出来，针脚紧密、平整，容易开线的地方都走了双线。大衣样式在当时是最时髦的，帽子可以拆卸，帽子边沿能穿进去鞋带，遇到刮大风，两头一拉就系紧了，再也不用担心帽子被风吹掉。

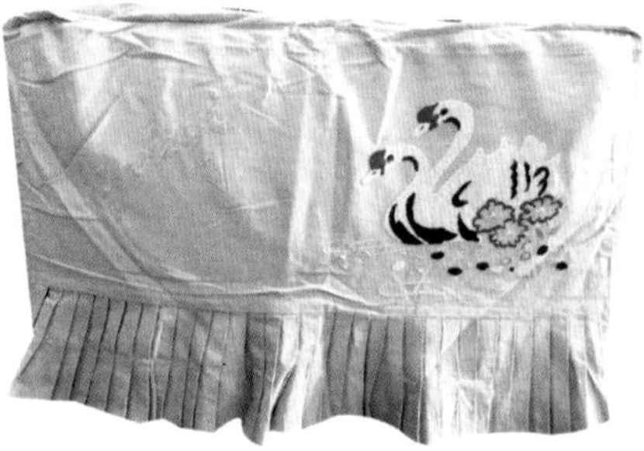

母亲手缝的电视机套和棉袄　赵春玲提供

1971 年，二姐 17 岁，到涧河屠宰厂上班了，家里的经济条件明显得到改善。二姐是合同工，挣的是日工资 1 块 3 毛 2，三个月后涨到 1 块 5 毛 7。二姐工作努力，很快就被调到尖草坪肉食商场工作。

她惊喜地发现：在商场工作真好，职工不用票证也能买到吃的喝的。从此家里的生活明显好转。

母亲一高兴，熬了十几个晚上给二姐做了双新棉鞋。棉鞋形似窝头，故有“窝头”之称。母亲把平时收拢的小碎布拿出来，一条一条抹上面汤，铺在平整的桌面上，再用一块石头压平，慢慢晾干——这个过程俗称“打袼褙子”。袼褙子是做鞋底的必备材料。买来麻线，一根一根捋顺，把三两根合在一起，放在腿上用手心使劲搓捻，就成了用来纳鞋底的麻绳。家里每个人都有自己的鞋样，母亲按二姐的尺寸剪出袼褙，就开始纳鞋底了。纳鞋底是最费时费力的一个活计，不管在忙什么，只要得闲，母亲就纳上几针。

母亲选了黑灯芯绒做窝头鞋的鞋帮、鞋面。这时候，最考验人的环节来了：缝合帮子和鞋面。这是做鞋过程中最具技术含量的一道工序，缝合不好不光看着别扭，穿上也不舒服。母亲的缝合技术在全院都是一流的，邻居主妇做鞋做到这一步时常要求助于她。

1973 年，已经出嫁的大姐给母亲买回了一台蝴蝶牌缝纫机。那年父亲请来一位裁缝师傅，给我们兄妹 7 人每人做了一件新衣服。

春节，母亲大显身手的时候到了。平时，所有的商品都是凭票证购买，而且有些东西即使有票证也不一定能买得到。春节前，商品的品种和供应量都十分充足。进了腊月，各种好吃的买回来，母亲便开始忙碌起来。特别是腊月二十三送灶王爷上天之后，母亲就几乎天天都换着花样做好吃的，蒸白面馒头、炸馓子、做烧肉、炸丸子……米粉肉、腐乳肉也都是母亲的拿手菜。她用白菜帮子做的辣白菜是我们过年必备的一道菜，过年难免吃得油腻，这道辣白菜爽口、解腻，所以直到现在全家人都特别喜欢吃。

最喜欢母亲过年蒸的“枣山”。底下铺一张圆饼，上面一层层码着小面块，面块儿里包裹着一颗红枣，高高耸立，像一座小山头。刚出锅的“枣山”散发着麦香味、红枣的香甜味，掰一块放到嘴里，那味道至今难忘。

母亲是个精干的人，院子的人挂在嘴边的话就是：老赵的老婆真能干。父亲曾说过：母亲就是一个上足了发条的马蹄表。长大后我慢慢明白了，母亲不是不想停，是停不下来。

## 二、父亲：没有他干不了的活儿

我们全家10口人，只有一张小桌子，又吃饭又写作业。看着儿女长大，桌子越来越显小，父亲有了做一张大圆桌的想法，还想再添两把椅子。

从那以后，父亲一下班回来，我家的小院子就热闹起来了。母亲在火炉上熬胶，父亲指挥3个哥哥给他打下手，刷胶粘接木板、画线、下料，锯子有节奏地上下拉动，每个人都忙得不亦乐乎。二姐把单位发的人造革围裙钉到椅子上。普通的木椅蒙上皮面，瞬间显得高大上起来。所有的工序都完成后，再由父亲打磨、上清漆。经过二十多天的辛苦劳作，一张大圆桌和两把椅子完工了，全家人围着它们，脸上洋溢着幸福的笑容。

蒙着皮面的椅子承载着太多的记忆，我和妹妹趴在上面写作业、看小人书、做各种手工、翻看我收藏的糖纸和窗花……那时候，我们的娱乐生活就是看街边的露天电影。为了抢占好位置，四哥总是早早地将两把椅子放在那里。《海霞》《洪湖赤卫队》《向阳院的故事》……伴随我们度过了无忧无虑的童年。

1982年，二姐搬到古城太钢宿舍，头一次有了自己的新家，父亲承诺给二姐一件暖房的礼物——小饭桌。一个礼拜后，刷着漂亮红漆的小饭桌送到了二姐的新家。小饭桌陪伴二姐一家三十多年，直到现在还在使用着。

儿女长大了，成家了，又有了自己的孩子。上世纪 80 年代，逢年过节，哥哥、嫂子、姐姐、姐夫、侄儿、外孙回家团聚，吃饭时需要摆两桌。父母去土产市场买回 1 张大圆桌、4 把折叠电镀椅。电镀椅红色的皮革面包裹着海绵，坐上去软软的，很是舒服，一时成了家里的新宠。不过我们最珍惜的还是父亲亲手做的圆桌和那两把木头椅子。

1997 年，父亲 73 岁。他在散步时发现路边有施工后被丢弃的大理石边角料，就全都捡回家里，他说 :“这石头真漂亮。”其实，闲不住的父亲早就琢磨着要把自家的地重新铺一遍了，可是舍不得花钱买地砖。现在有了现成的材料，父亲马上行动起来。

当年最大的新闻就是香港回归，父亲决定用大理石把这四个字拼出来。从那以后，只要有时间，父亲就坐在门前的桌上摆弄石条，我们并没有在意。当时四哥和父母在一起生活，父亲干活时，他用照相机为父亲抓拍下了一张照片。

1997 年秋，香港回归后不久，我们姐妹回去探望父母时，惊喜地发现家里的砖地变成了绚丽的大理石地面，而且还是特别有意义的“香港回归”四个大字。我敢说这是全世界独一无二的地砖。

父亲去世后，老母亲依然健朗，并一直随二哥生活，兄弟姐妹时常聚在一起围着母亲回忆以往的岁月。看到母亲不舍的目光落在日渐稀少的老物件上，想来一定是睹物思人。我感慨父母的艰辛不易，也为有这样无所不能的父母而自豪。

老虎沙发巾是上世纪 70 年代末 80 年代初风靡全太原的家庭装饰用品。时值“文化大革命”结束，全国各项工作步入正轨，“虎虎生威”这一图像，生动地体现了当时人们的审美追求及精神状态，因此受到欢迎。原本 3 块 5 毛一条、7 块一对的沙发巾，由于卖得好，每条涨价 5 毛，仍然供不应求。

实物提供：王继斌

# 虎虎生威沙发巾

讲述：杜秀兰

采访：张秀芝

沙发巾的边缘成了锯齿型的毛边，捧在手里松松软软，失去了棉线原本的厚度和硬度，色彩也有些模糊。展开看，两只斑斓猛虎跃然眼前，虽然时间过去40年，看上去依然呼啸生风，威风凛凛，不失林中王者的霸气。

在上世纪80年代初，这对老虎沙发巾是太原人居家的标配。人们大概想不到，这幅充满野性力量的图案，居然出自一位女设计师之手。

## 一、打沙发

沙发巾出现的前提是人们开始热衷于打沙发。

上世纪70年代，人们普遍一家人挤在一间房里，大部分家庭活动都在这个狭小的空间里完成。改革开放后，随着人们居住环境的改善，人们从一居室搬到起居分家的两居甚至三居，客厅出现了。客厅，意味着这是专门招待客人的空间，在这个崭新的空间里，像以前那样请客人坐在木椅子上就显得寒碜了。于是，单人沙发这种既方便实用又不占大空间的家具风行一时。

那时还没有家具店，想买家具得到百货商店碰运气。沙发这种新鲜玩意儿，是不容易在商店里见到的。买不到，就自己打！先到木材公司排队买木料，再四处托关系找钢筋、麻袋、弹簧。等材料一应俱全，开始做沙发：用木头钉好框架，包括扶手架、坐架、靠背架，再用绳子固定好弹簧，用麻袋把棉花包好，压实，包上棉布，最后用钢筋棍连接。在这个过程中，还要用到大大小小各种规格的钉子、螺丝。如果自己做不来，就得请师傅上门来家里打了，除了工钱，主家还需负责一日三餐。

沙发一般是成对的，配上个小巧的茶儿，便成了客厅最打眼的家什。沙发的外套一般选深色的粗布，结实耐脏，但一见水就又沉又硬，洗起来极为不便，于是人们创造性地把沙滩上美女帅哥披的浴巾做了沙发巾，妥妥地铺在沙发上。

## 二、响应时代精神，老虎人见人爱

那时候人们见的沙发巾大多是树木花草，或者规则的几何图形，或者卡通形象，而这对老虎沙发巾的出现，正是契合了改革开放初期人们的精神生活和艺术审美追求。

杜秀兰今年90岁了，一个人住在柳巷商业区的一栋老房子里，家里最醒目的家具是书房的写字台，几乎占了房间的所有地面——这是老人的画案。画案上，摆着不少画册和手稿，也有笔墨。墙上是老人的作品，在她的笔下，花朵妩媚生动，人物娇俏可爱。

杜秀兰生于1928年，1951年从西安美专（西安美院的前身）工艺美术系染织专业毕业，被分配到晋生纺织厂从事纺织图案设计工作。“晋生”是我省最早的民族企业，1929年建厂，1953年公私合营更名为山西针织厂（以下简称“山针”）。在杜秀兰到来之前，厂里的产品设计大部分从上海、天津等轻工业发达的城市购买，直到有了包括杜秀兰在内的设计团队，山西针织厂才算真正开始有了属于自己的产品。

1977 年，全国上下都是“向四个现代化进军”的昂扬气氛，时任山针厂厂长的李小或向设计师提出要求：我们的新产品要充满力量，让人感到勃勃生机和积极向上的时代精神。

接到任务，杜秀兰果断地放弃了牡丹、玫瑰这样的传统图案，她说：“我想到了虎虎生威这个形象，正符合当时粉碎‘四人帮’后国家拨乱反正的形势。”定下这个基调，她只用了一天多时间，就拿出了样稿。

两个月后，第一批产品试制出来，大家争相一睹为快，杜秀兰更是激动，从小样到成品，仿佛是化茧成蝶：苍松翠柏下，一只猛虎身姿矫健，昂然立在巨石上，目光炯炯眺望远方，黄黑相间的花纹毛茸茸的，闪着金色的光泽。

当时南宫正在举办山西省规模最大的商品展销会，李厂长亲自带十几个人到现场销售沙发巾，3 块 5 毛钱 1 条，7 块钱 1 对。那个情景就是一个词：火爆。纺织厅、轻工厅等部门看到了商机，纷纷下订单，沙发巾供不应求，好多人是走后门才买到的。看到沙发巾销得这么好，厂领导当即决定：马上组织第二批生产。

沙发巾卖得太好，能不能涨涨价，一条多挣 5 毛钱？ 5 毛钱在当时可了不得啊！太原人下馆子爱点过油肉，一盘 4 毛 5 分，再点上一个馒头花 4 分钱加 2 两粮票，就是一顿讲究的午餐。还剩 1 分钱可以买 1 斤大白菜或者白萝卜。当时人们过年，一桌子菜也就是 5 块钱。没想到，沙发巾一下子涨了 5 毛钱，仍然卖脱销了。

杜秀兰设计出了深受消费者喜爱的新产品，厂领导决定奖励她 20 块。20 块，相当于她半个月的工资呢。给个人发奖金，这在单位是破天荒的事。那时她不到 50 岁。

## 三、“四菜一汤”最流行

杜秀兰在“山针”工作的三十多年，正是“山针”发展最好的时期。当年的“山针”可了不得，固定资产4000多万，员工5000多人，在全国都是数一数二的大厂子。上下班时间，十几辆大轿车浩浩荡荡开着，蔚为壮观。按照国家政策，国有企业子女有机会接父母的班，所以在这里经常能见到一家大大小小十几口人在一个单位上班的情景。纺织工尽管工作辛苦，但能在这样一个大型国有企业上班还是很让人骄傲的事情。

杜秀兰和山西针织厂同事在工作　杜秀兰提供

当时“山针”生产的系列产品不少，有床单、枕巾、毛巾被、蚊帐等，行销全省，甚至全国，有的还远销海外。直到上世纪90年代末，我们还经常能在商店里看到“山针”生产的出口转内销产品——台布。纯白色的棉布单上，印着枣红色花朵，碧绿色藤蔓环绕四周，看上去温馨典雅。这款设计太漂亮了，很多巧手主妇把它当成绣样，将图案用印蓝纸印在底布上，用彩色绣花线一针一针绣出来。

杜秀兰老人有一本厚厚的影集，里面都是当年设计的小样照片，大到毛巾被、床单，小到枕巾、毛巾、手帕，花样繁多。设计图案清新雅致，动物花草，形神兼备。老人告诉我当年最常见的，也是最典型的床单设计叫“四菜一汤”，即四个角是相同的图案，簇拥着中间大朵的团花，主次分明，格局有致，体现中国人追求对称和秩序的审美观。现在老人床上铺的就是这一款。

这些经典的图案让人有似曾相识之感，想起小时候每到过年的时候，妈妈把新买的床单铺在家里的大炕上，顿时满屋生辉。床单或粉色或浅蓝色的底，四角和中间印着大团的鲜艳花朵，既有相似又有不同，过年的味道一下荡漾开来。因为怕弄脏，大炕的边沿要用其他单子盖着，床单过完年就撤了，留着下一年过年过节或招待客人才用。

当年，杜秀兰老人所在的图案设计室占了全厂光线最好、面积最大的办公室，单位为每位设计师配备了大工作台，一年当中还有两个月的采风、写生时间。她经常会想起在厂里度过的好时光，“工作的时候很拼命，不图别的，就是希望自己能设计出好作品，厂里能出好产品，企业能有好的发展。那个时代，工作几乎就是生活的全部。”

杜秀兰是厂里的技术骨干，每次产品的销售环节出现困难，厂领导就会找她想办法，仿佛她有扭转产品被退货、机器关停的超能力。因为专业好，所以等她到了退休的年龄，厂里还舍不得让她退，直到 1996 年，她 67 岁时才正式办理了退休手续。

说到退休后的生活，老人说，退休前后没啥变化，还是天天写生作画。在家画自己种的令箭和兰草，在公园画牡丹、芍药和美人蕉。赏花的人常常把她当看点——这老太太画的花真漂亮啊！

她说画画的基本功是坚持，写生是最见功夫的，必须眼尖手快，稍一迟疑，色彩、明暗都会变，眼前的花朵已经不是刚才的模样了。打开老人的写生本，看着一个个栩栩如生的花朵和艳丽灵动的花卉，再看看《虎啸图》，我想，老虎沙发巾的成功也许是偶然的，但如果拥有杜秀兰老人这样的执着精神，成功则是必然的。

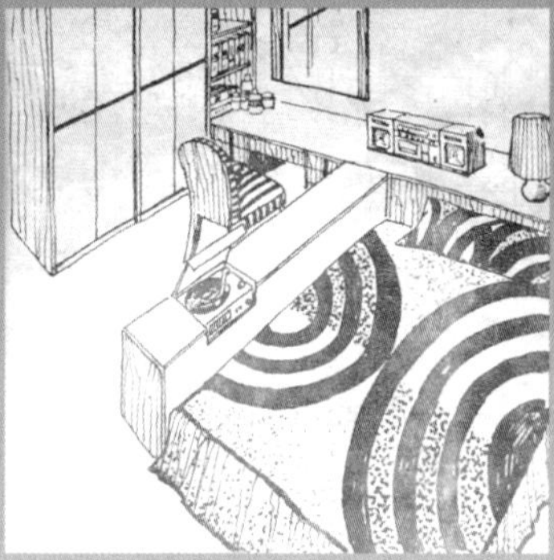

上世纪 80 年代，一名高中女生无意中买了一本书——《怎样布置您的房间》，从此，内心燃起了拥有一间自己的小屋的强烈渴望，燃起了对于布置房间这事儿的持续热情。书，是在新建南路的一间小书店买的，珍藏至今；房，一年又一年，越来越称心如意。

实物提供：常丽萍

# 自己的房间

讲述：常丽萍

我有一本书，名字叫《怎样布置您的房间》（1987 年 5 月上海书画出版社第 1 版，定价 1 元 1 角）。这本书是我高中时在新建南路的一间小书店买的。我和闺蜜聊天的时候，她非常好奇我怎么会买这样一本书，而且珍藏至今。我也觉得特别奇怪，难道不是每个人都对自己的房间抱有极大的兴趣，并且想把它布置成自己梦想中的样子吗？我俩不停地聊这事儿，试图挖掘出到底是什么原因使我对布置房间有这么大的兴趣。

## 一、童年和少年：屋子里全是床，擀面要在床上

小时候，我住在府西街一栋三层楼的公房里。我们一家 5 口有一间十二三平米的房间，中间隔条公用大走廊，对面有一间小小的厨房。洗手池、卫生间都是一层楼共用的。一间房子需要安置下我们兄妹三人还有父母。我记得房间里全是床，一进门左边就是一张上下床，正对面的窗户下还有一张大床，光是床，几乎就把空间占满了。生活起居，比如擀面，要把面案放在床上；学习前需要先把小饭桌擦干净再用。屋子正中央就是取暖用的蜂窝煤炉子。现在想起童年时期的小屋子，仿佛能闻到烤土豆的香气。

高中时，我们全家搬到并州东街的一幢楼里，是两室一厅的单元房，这套房子有独立厨房、卫生间，还有一间小客厅，条件稍有改善。这时，哥哥已经在外面工作了，可我还得和弟弟挤在一间屋子里。我有了属于自己的床，也有了属于自己的写字桌和小书柜，还记得妈妈给我买了学习英语的录音机，我用来翻录张蔷的磁带，听得如痴如醉。生活变得顺意了很多，可是依然没有属于自己的房间。

## 二、结婚：终于有了属于自己的空间

我大学一毕业就早早结婚了，除了是因为憧憬和心爱的人一起生活外，现在想来也许是从小居住的环境逼仄狭小，我太渴望拥有一个属于自己的家了。我渴望按照自己的想法去布置我的家。

当时，老公在山西财经学院（山西财经大学的前身）当老师，学校给他分配了一间平房，在平阳路靠近汾河那一带。一间房子，带个小院子，院子里有间小厨房，但是没有厕所，平常只能上汾河边野地里的公厕。说实话，这条件还没娘家好，但它是第一个属于我自己的空间。我记得当时把《怎样布置您的房间》这本书都快翻烂了，按照从书里学到的空间分配原则，在这13平方米的空间里分割出了盥洗区、会客区、读书区、收纳区、休息区。家具是白色的，书柜和写字台是自己设计找人定做的。每个来新房的人都挺喜欢我们的小家，现在想起来都挺骄傲。

因为小时候的居住环境太逼仄了，房子成了我特别强烈的情结。我特别爱看房，走哪儿看哪儿，只看不买，也觉得其乐无穷。因为看得多，好像也练就了很多本领。一堆户型图，我随便扫一眼就能发现哪个最好，一跨进好小区，浑身的毛孔都感到舒服。我对房子的设计理念、推陈出新能力、房子和周边的融合度等也特别敏感。因为喜欢看房子，对和房子有关的一切，我都非常感兴趣。由点及面，由浅入深，现在，我对建筑、历史、经济都无比热爱，喜欢的东西越来越多，生活也变得有趣了很多。

## 三、这本书点亮了我的梦想

这本书对我的影响是一生的。从结婚到现在，不算租的房，我应该换过 3 次住房了。我完全是从家人的生活习惯、喜好出发来布置房间的。家具都是一件一件积累下来的，默默记录着我们的生活。这件是什么时候买的，在什么情况下买的，当时为什么喜欢它……我都记得很清楚。看着这些家具，我心里会暗暗欣喜，仿佛它们也是我的家庭成员。朋友们到我家做客，最常用的评价就是“舒服”，我觉得这是非常高的评价。

装修房子的时候，我虽然没有专门拿出这本书来对照着看，但我想它对我的影响无时无刻不在。今天再翻翻这本书，会觉得里面的图片印刷模糊粗糙，一点儿也不高大上，可是仔细看看还是会发现关于室内设计的理念，关于色彩、灯光照明、室内不同区域的布置方法、家具与人体活动尺度的描述等，依然不过时，好多名词、理念依旧能带给我们很多启示。这本书里有一句话，“less is more（少即是多）”，这与中国以虚当实、计白当黑的传统美学思想有相通的地方。当时，它对我而言，仿佛打开了一个新世界的大门，带给我很多惊喜。

人的记忆是个奇怪的东西。这些天我的脑子里都是以前住小房子时的回忆。虽然房子很小，但想起来却很温馨。想起我妈在窄窄的厨房里端着簸箕择菜，小小的我就蹲在她身边，阳光洒满身体。又想起冬天不想起床，嫌棉裤棉衣冷，我爸就在火炉上把衣服烤暖，我才肯起床。那时候环境虽然逼仄，但父母的爱让每个画面都充满了阳光。

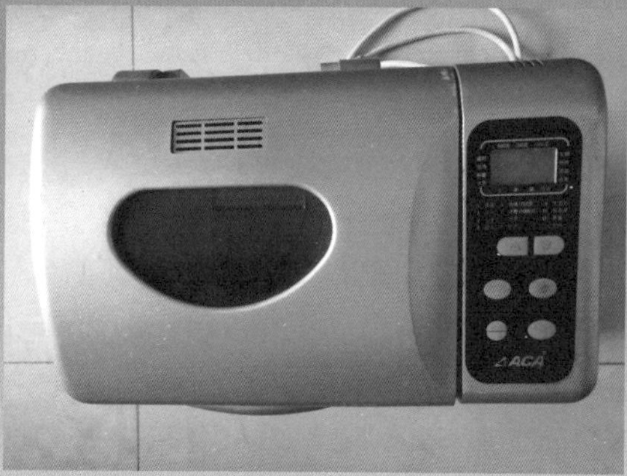

从小时候在电影《列宁在 1918》中看到面包，到吃上面包，源于登上了改革开放的列车；从吃上面包到自己烤出香喷喷的面包，则是享受了科技革命带来的便利。真的是“面包会有的，牛奶会有的，一切都会有的”。

实物提供：郭爱川

# 面包会有的，一切都会有的

讲述：郭爱川

1989年我结婚时，社会上流行彩电、冰箱、洗衣机新三大件。新三大件和上世纪70年代的“三转一响”相比，体现了时代的进步，尤其是洗衣机把人们从繁重的家务劳动中解放了出来，这是科技解放劳动的一个最好例证。

先生准备了冰箱，我家陪了彩电、洗衣机和电风扇。他从单位借来了录音机，再加上一排组合柜和一组转角沙发，把14平方米的房子装扮得格外惹眼。这样的摆设，在当时很不一般。

最让人开眼的还不是三大件，而是茶几上放着一个好多人没见过、没听说过的电磁炉。

## 一、筒子间里的电磁炉

刚结婚时，我们住在学校分的筒子间。学校在老军营，筒子间一溜两排，阳面家单号，阴面家双号，两两相对。那里没有上下水，几家共用一个厨房。我家没进公用厨房，就在楼道里用煤油炉子炒菜。那茶几上的这个电磁炉用来做什么？烧水、煮面、焖米、熬粥，炒菜当然也能，只是嫌油烟呛，我们不在家里的电磁炉上做。

电磁炉要用铁质的锅或不锈钢锅，不能用铝锅。传统的铸铁炒瓢也不能用，必须是平底锅。为此，除了原先有的不锈钢锅，我们还专门买了两个平底的搪瓷盆用来熬粥。

当筒子间满楼道堆放着你家我家他家的蜂窝煤时，当五六家共用一个公共厨房时，能用一个干干净净的电磁炉把饭做熟，人们觉得有些稀奇。有邻居过来看稀罕：火不必说了，用电炉子做饭，能看到炉丝是红的热的，这看不见火、觉不到烫的电磁炉怎么能把饭做熟？

①上世纪 80 年代，人们用煤生炉子 ②人们在打煤糕 ③人们排队买蜂窝煤 ④ 1982 年 11 月 7 日，太原市首批 3387 户居民第一次用上煤气　郝建军提供

每每这时，我们自己的感觉就是生活特别美好，像煤堆里突然冒出来一个白雪公主。

这要感谢我家先生，他不知从哪儿知道了这种高科技，一直四处留意，终于在结婚前从迎泽大街上的省二轻市场买回了这个电磁炉，上海产的航天牌，花了足足 530 块。

当时我的工资一个月一百多块，他的工资相对高些，这个电磁炉花掉了我俩半个多月的工资。

交钱时，我们又一次感受到了新生事物——促销。电磁炉生产厂家承诺：凡购买了这台电磁炉的顾客，厂家每年返还 60 元，在 5 年内共返还 300 元。我们对返还 300 元的承诺半信半疑，先生更没把这个促销活动当回事。他对电磁炉心仪已久，返不返都要买这个东西。等到第五年头上，我抱着试一试的心态，托家在上海的学生去厂家兑换，没想到还真的给返回 300 元，等于这个电磁炉只花了我们 230 块。

## 二、面包会有的，一切都会有的

小时候看苏联电影《列宁在 1918》，里面有句经典台词："面包会有的，牛奶会有的，一切都会有的。"这是列宁的卫士瓦西里在安慰饥肠辘辘的妻子时说的。电影里，妻子把家里仅有的一块面包悄悄放进瓦西里的口袋，瓦西里在和妻子拥抱分别时，又偷偷把面包放在桌子上。这大概是我第一次认识面包，它意味着美味和爱。

小时候，父亲每次骑着车子带我进城，都要走大同路。快骑到大同路南口时，就会闻到满大街香甜的面包味儿。这味道是从太原市食品三厂飘出来的。我使劲吸着鼻子，那个馋呀，想着长大了一定要到食品三厂上班，这样就能每天吃上香喷喷的面包了。父亲总是笑我是小馋猫。

等到真的吃上面包时，我已经在读初中了。圆圆扁扁的形状，底部白色，上部烤得焦黄发红，中间全是小蜂窝，吃起来暄而筋道，甜中带一点点酸——这样的面包，我都舍不得吃。放得久了，面包会变得又干又硬，妈妈就把面包像馏馒头一样放在蒸锅里，结果……面包缩成一小团，根本咬不动。

日子越来越好，吃面包还是吃馒头、吃窝头，更多成了个人的口味选择，哪样都不稀奇，只是从未想过面包也能自己做。

先生对新事物充满好奇。2003 年，听到新闻里播报有关“非典”的消息，他立刻买回了家用消毒柜，说是为了全家安全，必须得有。第二年，他没有和任何人商量，直接花 700 块钱买回来一台面包机，说是为了让女儿在家就能吃上刚出炉的面包。

我是朋友们中最早拥有面包机的。人到中年，正是忙事业的时候，生活节奏很快，在吃喝上还顾不上多讲究，但面包机到家，还是让我感受到了不一样的生活味道。

仿佛要配合我的生活节奏，这台面包机分快、慢两种模式。我时间紧，这台面包机只需 58 分钟就可快速出炉一个面包；我时间充裕，它能用几个甚至十几个小时做出一件面包精品。我想面包机的设计师一定掌握着生活的密钥。

想一大早吃上面包又不想早早起床，还可以提前预约。晚上做，想早晨几点吃就预约到几点，最长可预约 13 个小时。早晨一醒来，满屋都是面包的香味。于是，美好的一天就在甜香中开始了。

做得多了，就把固定配方撇到一边，按自己的口味做，今天放进些核桃仁、葡萄干，明天加上瓜子仁、花生米，再倒进浓浓的蜂蜜。这样做出来的面包，金灿灿，松软软，香甜甜，热腾腾，用面包刀切成片，抹上自己做的果酱，喝着自己磨的豆浆，那叫一个舒服。不过我很少用面包刀，喜欢直接撕着吃，感受面包的那种暄劲儿。

有同学好友来家里做客，我就要显显手艺做个面包。喝着茶聊着天，面包机在身后“咯噔咯噔”为我们伴奏。没一会儿工夫，面包香味满家飘。下午茶，热面包，轻音乐，感觉特别好。

十多年过去了，面包机又改良了许多。据说，现在的面包机功能更

以前的厨房和现在的厨房　郭爱川提供

齐全了，齐全到面包机不单纯是面包机了，还可以做酸奶、醪糟、米酒、肉松，甚至冰淇淋。

近几年，单是饮食的革命就让我家的厨房时时刻刻享受着现代化带来的好处：自动饮水机代替了原先的热水壶，自动过滤，自动加热；烤箱烤出了各种各样的小点心；果蔬净洗机里，水果和蔬菜经过了特殊处理；电蒸锅、电炖锅、电饼铛、电力高压锅、空气炸裂锅等，功能不同，各有侧重。在电炖锅弥漫的香味里，肉烂骨香；空气炸裂锅出品的红薯软糯，鱼虾鲜美……各种美食，看起来养眼，吃起来享受。

看看自己家这些年用过的家电——电磁炉、微波炉、电饭煲、烤箱都曾是稀罕物，现在却成了非常基本的厨房用具；而我们对让利打折等促销手段，也习以为常了。购买一件电器，不再是伤筋动骨的家庭大事。现在我们家的彩电和洗衣机都是前两年在“居然之家”购买装家材料时抓的奖品。

时代在变化，科技在进步，生活品味在提高。在每一个平常的日子里，我们使用着各种各样的家用电器，享受着科技革命带来的成果和便利，真的是“面包会有的，牛奶会有的，一切都会有的”。

1984 年，为母亲买了第一个生日蛋糕，然而第一次吃蛋糕，却过了保质期，蛋糕都发霉了。2011 年，乡下的婆婆过 70 岁生日，农村老太太从容地戴上印有“生日快乐”的皇冠帽子。图为女儿过 14 岁生日，一下子收到了 3 个生日蛋糕。曾经是时髦舶来品的蛋糕早已成为人们见证幸福、分享快乐的一个符号了。

照片提供：郭爱川

# 母亲的第一个生日蛋糕

讲述：郭爱川

相册里有张照片特别珍贵，母亲和我女儿亲热地搂着，蹲在一片庄稼地旁，母亲手里提着生日蛋糕，我女儿依偎着姥姥，俩人笑得特别开心。那是1995年10月12日，女儿过5岁生日。蛋糕是姥姥特地为外孙女订的。照片里高粱穗已经红了，母亲头发银白。那些年，我们的孩子过生日，母亲总要为他们订上一个生日蛋糕，而留下照片的只有这一张。

看到这张照片，我总会想起34年前为母亲买的第一个生日蛋糕。

1995年，女儿过5岁生日时母亲为她买的蛋糕　郭爱川提供

## 一、5块钱的生日蛋糕

1984年，我工作的第三年。

母亲快过生日了，我琢磨着送什么礼物好呢?

目标锁定五一大楼。当时的五一大楼是全市最有名气的百货大楼，太原最近流行什么，到那儿转一圈准能看出来。它旁边的海子边是太原市最前沿的商业街，时髦又便宜的东西都会第一时间由海子边发布。

我上班的学校离五一大楼很近。那些天，一到中午，我就到五一大楼楼上楼下地逛，从衣服到鞋子，从用的到吃的，看了又看，比较了又比较，最后决定，给母亲买个生日蛋糕。

上世纪80年代初，一般人家过生日多半是吃长寿面，也有人家吃饺子或油糕。我家的传统是按老家原平来的，过生日那天早上要喝红豆稀饭。母亲一大早起来，熬小米稀饭时把头天泡好的红小豆放进去，熬许久，熬得浓浓香香的。生日蛋糕在当时可是个稀罕又时髦的东西，只有五一大楼、解放大楼这些高级商店才有，一般的商店根本见不上。别说吃生日蛋糕了，见过生日蛋糕的人也不多。

生日蛋糕，圆圆的，装在塑料盒子里。塑料的白底座，粉粉的一圈，立体地围着，上面是塑料盖子。蛋糕上层是白色的奶油，图案记不清了，依稀记得有两朵花红红地缀在上面。

生日蛋糕，5块钱一个。而那时，我一个月的工资不到40元。

## 二、带蛋糕回家，思绪飞扬

那个星期六，我带着蛋糕回家，一路上小心地骑着车子。我家在城北的迎新街，离学校二三十里，骑自行车得一小时。我平时住校，周末才能回家。

一路上，我思绪飞扬，又小心翼翼，生怕把这个金贵的蛋糕摔了碰了。路过尖草坪，还去太钢的一个辅导班听了课，那时我正在参加全省的自学考试，报的专业是汉语言文学，学校是山西师范大学。

当时正值初春，街上的柳树爆出了粒粒新芽，嫩黄中的新绿，柔和又美丽。一路上，我的心里暖融融的，为母亲，为天气，更为我们家的第一个蛋糕。

我小时候家里只有父亲一人上班，全家 7 口人，5 个孩子。虽说爸爸在太钢上班，是六级工，能挣 70 多块钱，但日子过得也不容易。有年大旱，不知道什么政策，供应的细粮由 35% 改成了 100%，不用总吃红面和玉米面这些粗粮了。我高兴地说，“就大旱吧，就大旱吧！”母亲怪我不懂事，说“遭年限呀”。她拣菜叶，捋榆钱，吃槐花，挖野菜，以此弥补细粮不经吃的亏空。她手又极巧，一件衣服染了、改了、翻了、补了，能让我们兄妹穿好几年，真的是“新三年，旧三年，缝缝补补又三年”。一般巧手人家一件衣服能“新”三次，我们家能“新”四次。新时一次，里翻外一次，染了一次，大改小一次，可不是四次！

后来，大哥结婚有孩子了，二哥也在婚期中了，三哥下乡了。姐姐初中毕业不愿意下乡，想办法插班读了个自费的大学，在“七二一大学”（“七二一大学”又称“七二一工人大学”，是“文化大革命”特定历史时期内的产物）里学医，天天背《汤头歌》，这是专为农村赤脚医生办的进修学校，不给文凭。最小的我，也上初三了。本来日子越过越好了，可是，那天，1977 年 10 月 2 日，父亲上班走了，临出门说好下了班要回家吃饭，然后再回去加班，结果父亲再也没有回来。厂里龙门吊检修，身为调度的父亲，去现场工作，被龙门吊挤了胸部……那一天，我家的天塌了。15 岁的我，第一次明白了什么叫“做梦也想不到”。

父亲的情况属于工伤，按政策没有工作的母亲和正在上学的姐姐和我，每人每月可以领 15 元的抚恤费。更重要的是，家里的孩子可以有一人顶替上班。

让谁顶替上班呢？有两个选择，可以是下乡的三哥，也可以是正在读“七二一大学”尚不知出路在哪儿的姐姐。三哥说他下乡两年了，应该快能回城了，让莲莲顶班吧。于是，母亲依了三哥的提议，让我姐莲莲——家里的老四顶了班，让我三哥再等时日回城。那会儿正是“文化大革命”后期，除了每家老大按政策留城外，其他适龄青年都下乡了，太原的政策是一般两年就可回城安排工作。后来，三哥回城了，不过单位一般，没法和太钢相比。

1978 年以后，日子慢慢好过了。母亲也努力带着全家人从父亲去世的阴霾里走出来。哥哥们都成家有了孩子，最小的我也毕业留校当老师了，母亲该享享福了。

### 三、蛋糕坏了

下了课，骑车带着蛋糕，回到家已是很晚了。

母亲看见蛋糕，嗔怪说 :“太费钱了。”但看得出她很高兴，“过几天你姥姥要来，她的生日也快到了，留着你姥姥来了吃吧。”

于是，蛋糕被母亲放在了家里的高低柜上。

几天之后，姥姥从乡下来了。

又过了三五天，姥姥过生日，那时候母亲的生日已经过了十多天了。

终于可以吃蛋糕了。

我从高低柜上取下蛋糕，解开塑料绳，揭开上面的塑料盖子。咦？原先红红白白的蛋糕变成了黑黑的一片，有的地方竟长了绿毛，发霉了。

第一次吃蛋糕，我们都不懂生日蛋糕是有保质期的，而且只有短短的两三天时间。哎呀，老土。

全家人都大笑不止。只是可惜了那么好看的生日蛋糕，不知道是啥滋味。

### 四、N 年后的蛋糕故事

第一个生日蛋糕没吃成，却让母亲一下子喜欢上了这个洋气的生日祝福。之后几年，她每年都要买六个蛋糕，分别给我们五兄妹家的六个孩子过生日。蛋糕厂的名字很好听——红鸟蛋糕厂，就开在我们迎新街六平房宿舍的边上。照片上女儿 5 岁的生日蛋糕就是母亲在家门口的红鸟蛋糕厂买的 。

1988 年，我当班主任时，给我的第二届学生集体过 18 岁生日，专门到太原市第二食品厂订了一个大蛋糕，直径 1 米，花了 200 元。

2004 年，女儿 14 岁时，收到了亲朋好友送的 3 个生日蛋糕。

2017 年，过 56 岁生日时，捧起女儿给买的蛋糕　郭爱川提供

2009 年，刚到外地上大学的女儿突然袭击，带着一捧鲜花和一个蛋糕回来了，要给我过生日。此时在蛋糕上可以随心所欲写自己的祝福语。

2011 年，乡下的婆婆过 70 岁生日，我们带回去蛋糕。农村老太太从容地戴上印着“生日快乐”的皇冠帽子，接受晚辈的祝福。

曾经是时髦舶来品的蛋糕已成为人们见证幸福、分享快乐的一个符号了。

跨越四代人，时光流转近百年，从黑白到彩色，这些相片中记录着一个大家庭的喜怒哀乐，记录着每个人认真走过的每一步。从广东到上海、从成都到太原、从太原到纽约，浓缩在 24 本相册里的牵挂，长成了一棵巨大的家庭树。

实物提供：徐云千

# 24 本相册

讲述：徐云千　康人桂

采访：黄　珊

徐云千是广东五华人，1961 年同济大学毕业后来到太原。康人桂是成都人，自山西大学化学系毕业后，也留在了太原。他们的分配志愿填的都是“服从祖国需要”。五十多年过去了，两个人早就在太原扎下了根。徐云千爱好摄影，记录下了全家冬天到迎泽公园踏雪，夏天到北戴河度假的生活点滴……还有家庭的标志性事件：儿子第一次见到太阳，女儿春游时发小脾气，小孙子迈开第一步。康人桂负责在每张照片背后写上拍摄时间、地点，再将之整理成册。这就有了我们看到的这 24 本相册。

父亲留给徐云千的老柯达相机

徐云千提供

## 一、一加一大于二

徐云千先生有一部柯达相机，是父亲送给他的。他猜测这部相机的年龄在百岁以上，因为“我父亲年轻时就用它学习拍照”。他的摄影技术是父亲亲手教的。

1961 年，徐云千毕业后被分配到太原工学院（现太原理工大学）教建筑学，遇到康人桂，两个人很快相知相恋。他用这台柯达相机，记录了两个人的交往经历：初相识，一起到晋祠玩，在晋阳湖游泳，在校园里漫步，在图书馆读书。

1964 年，康人桂和徐云千结婚了。俩人领了结婚证，把两张床并在一起，晚上请太原工学院的同事们过来吃吃糖说说话，就算结婚了。非常简单，不过，他们做了一件在当时非常时髦的事——旅行结婚。在南京，他们在玄武湖公园、中山陵游玩，留下了这些美得像剧照般的照片。徐云千说："父亲留给我一个三脚架，可以实现自拍。别人拍的话拍不了这么自然。"

当时处于困难时期，山西的很多基建项目下马，建筑学专业停止招生，学校建议徐云千留校做政治辅导员，可是多年的专业，徐云千哪里舍得放弃。因为在饮马河小区的规划方案征集设计活动中，徐云千的作品出类拔萃，他被太原市城建局调了过去。康人桂不久也调到了市二轻局化验室，开启了新的事业——环境保护。"这才是我喜欢的工作。"康人桂说。走之前，夫妻俩专门在校园里举行了一次告别仪式——拍了一组照片"告别工学院"。

1964 年，旅行结婚时在南京玄武湖留影
徐云千提供

二轻局在五一广场附近给康人桂分了一间小房子，和别人共用一个厨房。夫妻俩又高高兴兴

地拍了一组照片——“广场边的新家”。

徐云千设计了五一广场观礼台，两个人在那里留下了数不清的照片；大雪后，两个人跑到公园里拍雪景；搬到规划院在旱西关的宿舍楼之后，徐云千亲手制作了全套家具，然后将整个房子里里外外地拍了一组照片。

他们一直喜欢出去玩，目的地越来越远。国内去了九寨沟、武汉、广州、北海；国外去了朝鲜、美国、法国……在33个国家留下了他们并肩前行的足迹，当然，还有无数的照片。只不过，徐云千的相机已经从柯达变成了能拍彩色照片的“海鸥”，后来又买了数码的柯尼卡相机，现在则更多地用手机。康人桂说：“这些照片里有我们俩的一辈子。”

## 二、记录孩子的每一步成长

1967年，大女儿出生。康人桂和徐云千商量：“咱们应该把孩子的生活完整地记录下来。”徐云千负责照相，捕捉孩子会爬了，会走了，孩子第一次笑，第一次见到阳光……康人桂负责记录孩子的头围、身高、体重。两个人一起给女儿做了本相册，认真地记录着她的每一个变化。儿子出生了，他们又准备了第二本相册。

从这两本相册里，能看到两个孩子的全部成长过程：学会走路了，个子长高了，到迎泽公园、文瀛公园野餐了，能在晋祠戏水了……康人桂记得：“两个孩子坐在难老泉的水池旁，脚垂在水面上，我在后面紧紧揪着他们的衣服，生怕他们掉下去。等他们稍微长大一些，能站在水里抓鱼了。女儿小时候爱生气，我也不恼，弟弟在旁边看，她爸爸就把她生气的样子拍下来。”

孩子的照片，康人桂冲洗时都是一式两份，一份存放在家庭相册里，一份存放在女儿或儿子的相册专辑里。就这样一天一天记录着孩子们的成长经历，直到他们18岁长大成人，相册就可以交给本人了。

外孙女和两个孪生孙子出生以后，老两口更忙了，忙着拍照，冲洗照片，记录照片信息，然后做成相册。现在外孙女的相册已经拿走了，两个孙子的照片还在继续增加。

### 三、家庭树

照片里，孩子们在慢慢长大，徐云千夫妻俩的头发也慢慢白了。他们从五一广场鼎章照相馆旁逼仄的小房子，搬到了市政府的有两室的宿舍楼、桃园三巷的市环保局宿舍，后来搬到了旱西关，现在又搬进了滨河东路东侧带电梯的高层。无论居室大小，他们的家始终是温馨、充满欢声笑语的。“我们尽心尽力地经营我们这个家。”徐云千骄傲地说，“这不是吹牛，我们结婚 50 多年，从来没有吵过架。”即使生活压力大，他们彼此也从不埋怨，而是相互理解，相互扶持。

每天早上，老两口先列一个当天的食品采购单，便拉一个小购物车出门了。散步 20 分钟，然后在社区公共健身器械上锻炼 20 分钟，和卖菜的小商贩买点菜，顺便聊聊家常。中午 11 点，康人桂会给儿子打个电话，如果确定儿子能回来吃饭，老两口就会准备一顿营养搭配均衡、儿子喜欢的饭菜，“他工作太辛苦了。”半月一次的家庭聚会日，他们要做 10 个菜，全都是孩子们爱吃的东西。“现在年纪大了，精力也不够了，准备这样的大餐需要两天的时间，但云千和我乐此不疲。”康人桂努力统筹好所有的家庭事务，还会抽空学习智能手机、学习电脑，这样就能把孙子发在微信上的照片下载后再打印出来了。

24 本相册里的第一本，贴满了黑白照片，记录了徐云千和康人桂的童年和青少年时代。康人桂说：“这是云千小时候，这是我小时候。这是他的妈妈、姐姐、妹妹。这是我的母亲。”在康人桂的记忆中，孩提时代的每个星期天，父母都会带着她去当地的人民公园游玩，那时她家住在成都，那是她童年最幸福的时光，“我和云千都经历过战火纷飞的年代，很艰难地长大。现在想寻找儿时的印记，却几乎不可得，只找到了这么几张，特别遗憾，所以我们才这么执着于记录几个孩子日常生活的点点滴滴。”

康人桂和徐云千记录着生活，同时教会孩子照相、洗相片，认真生活。他们对待工作、家庭毫无保留的付出，成为一种家庭基因，又传递到第3代家庭成员的身上。

现在，两个孪生孙子正在美国纽约州读书，不久前学校布置了作业“我是谁，我从哪儿来”，他们决定制作一棵“家庭树”——在徐云千、康人桂的帮助下，他们收集了从曾祖父和曾祖母、祖父和祖母、父亲和母亲到自己，整整4代人的照片，访谈了远远近近的家庭成员，了解了很多原来不知道的历史，对自己的家庭产生了崭新的认识。这株家庭树做出来后，获得了广泛的好评。康人桂说：“他们知道了自己从哪里来，也知道自己的生命传承和我们所珍视的一切。”中国式亲情是一笔无形的财富，它将和这24本相册一起，伴随一代又一代人的成长。

上面的照片摄于1974年，迎泽公园湖畔，徐云千、康人桂与一双儿女。下面的照片摄于2018年，是儿子、儿媳和他们的双胞胎儿子。当年个头最小、站在最前面的小男孩，如今站在最后，成为高大的一家之主　徐云千提供

上世纪 70 年代，人们的理想很简单，拥有一台缝纫机、一块手表、一辆自行车，还有一个收音机，就是富裕人家了。80 年代，流行三大件——冰箱、彩电、洗衣机。90 年代，人们开始买房子、汽车。如今，朋友圈里晒着名牌首饰、出国旅游的照片，这是今天的时尚。时尚迭代升级，我们的人生梦想有没有随之升级?

实物提供：高玉平

# 三转一响带咔嚓

讲述：高玉平

在太原美术馆举办的“纪念改革开放40周年时尚回响大型实物展”中，有我曾经使用过的一辆老式自行车、一台蜜蜂牌缝纫机、两块东风牌手表、一台熊猫牌半导体收音机和几架海鸥牌照相机。

这几样老物件在许多“80后”“90后”看来，一定很陌生，但对我们这代人来说，它们却再熟悉不过了。上世纪70年代到80年代，太原人把自行车、缝纫机、手表、收音机、照相机形象地称为“三转一响带咔嚓”。在那个年代，它们是城市居民日常生活中极具标志性的奢侈品，是年轻人结婚的婚嫁标配。如果谁家孩子娶媳妇能置办齐这五大件，在众人眼里肯定是非富即贵的人家。

## 一、甜蜜的“三转”

我是在改革开放第二年结的婚。我家兄弟姐妹多，父母管不过来，受经济条件所限，父母不大可能给我把“三转一响”准备齐全，那个“带咔嚓”就更不奢望了。订婚后，父亲把他骑的飞鸽牌自行车给了我，对象过门自带了一辆上班时买的永久28型自行车。母亲花了120元买了一块上海产的东风牌手表，让我送给对象。在一个月明星稀的晚上，我把这块手表给对象戴上。她看我没有手表，于是就把她自己手腕上的那块1970年上班时买的旧表（也是东风牌）摘下来给我戴上，这也算是互送信物吧。这一切，虽然没有教堂互换戒指的庄重，却也有新婚前的甜蜜。

进入改革开放初期，条件好的家庭给孩子置办婚礼开始在饭店订酒宴了。即使普通家庭也会在家里摆上几桌酒席，把亲戚朋友请来举办结婚仪式。我家兄弟姐妹多，物质条件不算很好，而且父母还一直保留着战争年代解放区“新事新办”的传统，不建议在饭店设酒宴和置办更多新家具，就把家里现有的一个桌子、一张床和一个五斗柜给了我，算是置办了家具。我觉得有点单薄，于是就用自己仅有的200多元复员费雇木匠打了一个三门衣柜、一张新床、一个平柜、一对简易沙发，又把父亲的一件毛料衣服烫洗了当作我的新衣。父母又托人从上海给她和我各买了一件当时很时髦的腈纶衫。我们没有摆席宴请宾客，但那时年轻的我也有追逐时尚的愿望，于是就仿照旅行结婚，和对象回爷爷家体验了一把乡村旅行的浪漫，只花了十几块火车票钱。

结婚后，看到单位同龄人骑的自行车不是“凤凰”就是“永久”，都是当时的上海名牌，而且是崭新的，特别羡慕，就像现在自己开个小奥拓，羡慕人家开着宝马、奔驰一样。为了给自行车升级换代，我俩从每人每个月只有35元工资里挤出一些钱存银行。钱存得差不多后，我们就把两辆旧自行车卖了，将获得的200多块钱和平时攒的钱加在一起，先后买了一辆永久28型自行车和一辆凤凰69型自行车。当时中国拥有5亿辆自行车，我们成为五亿分之二。

凤凰牌自行车最抢手，都是凭号或找关系才能买到。我还是经省五交化公司领导特批，从榆次五交化公司买的。当我从榆次提上新车子骑往太原，一路都是人们羡慕的眼光。我迎着小风，白色的衬衣还被吹起泡泡，我那得意的劲头和现在开着宝马、奔驰的人估计是一样的。

生了女儿的第二年，我们买了台上海产的蜜蜂牌缝纫机，它一直陪伴着我们，直到上世纪 90 年代初，孩子上了高中，我们的工资也有了大幅度提高，孩子的衣服都在商店买了，我们穿的衣服也不再需要“缝缝补补又三年”了，这台缝纫机才退出了我们的日常生活。

## 二、无意中有了“一响”

“一响”是 1972 年我在内蒙建设兵团买的。上学时喜欢无线电，一直想自己组装一台半导体收音机，结果初中毕业后就去了内蒙古生产建设兵团，组装半导体收音机的梦想破灭了。1971 年我在建设兵团一师四团后勤处当保管员，一次出差到杭锦后旗，看到那里的五金交电门市部摆放着两台熊猫 B–802 型三波段半导体收音机，喜欢得我迟迟不肯离开。上海产的熊猫牌和北京产的牡丹牌半导体收音机都是名牌。为了买这台半导体收音机，我把每月发下的几块钱津贴攒下来，又跟在部队服役的哥哥要了 20 多块，凑足了 100 多块钱，再次出差到杭锦后旗时，终于买下了这台半导体收音机。

这台半导体收音机一直伴随着我，直到后来有了收录机我才把它放在书橱里。每天早上 6 点，我用它听中央人民广播电台的《新闻与报纸摘要》节目，吃完晚饭听戏。听广播成了我生活中不可缺少的一部分，它改变了中国人传统的娱乐方式，带来了有声的娱乐体验。

结婚那年，7 年前买的半导体竟派上了新用场，成了我们结婚时“三转一响”里的“一响”。现在老伴还经常跟我开玩笑：“你好有预见啊，十八九岁时就预备了结婚的‘一响’啦！”

## 三、“咔嚓”声里过日子

说起“咔嚓”——照相机，我的故事就更多了。

“三转一响带咔嚓”不是并列关系，而是逐步升级的关系。早先，“咔嚓”是人们几乎想都不敢想的物件，一直到上世纪90年代初，它对于普通人家都还是奢侈消费品。不用说相机本身贵，单说胶卷、冲洗相片，就是一笔无底洞一样的花销。以当时的收入，大部分人是消费不起的。

结婚时我们没买相机，但是我特别喜欢照相。我是用单位的相机学会照相的，单位举办活动我负责拍照。照相需要买胶卷，照相馆冲印要花钱，所以每次照相都要找领导批准。一个卷12张，该照不该照都要详细算计好了才行，我可不敢由着性子按快门。为了照得过瘾，我只好买处理的散卷，在暗房里缠好了使用。

那几年我迷上了照相、冲卷、洗相。白天照了，晚上就去冲卷，第二天就要印出照片，然后拿给大家看。要不是拥有这些“技能”，我根本不敢玩相机烧钱。

1985年左右，我自己买了一架海鸥牌135相机，一直用到上世纪90年代末。后来还陆续买过尼康F60胶片相机、奥林巴斯微型相机、卡片机和数码单反入门相机。

进入新世纪，我对摄影的兴趣也愈发浓厚。特别是上了老年大学摄影班后，看到同学们一个个把照片拍得那么漂亮，我特别想升级自己的相机，于是就把那架数码单反入门相机换成了全幅数码单反相机。在这“咔嚓”声中，珍藏着我的家庭生活指数40年来芝麻开花节节高的记忆啊。

从上世纪70年代“三转一响带咔嚓”的流行，到“冰箱彩电洗衣机”三大件，再到现在年轻人追求的房子、车子……这一切，反映出中国人的消费水平一直在提升，从中可以看到时代的进步。

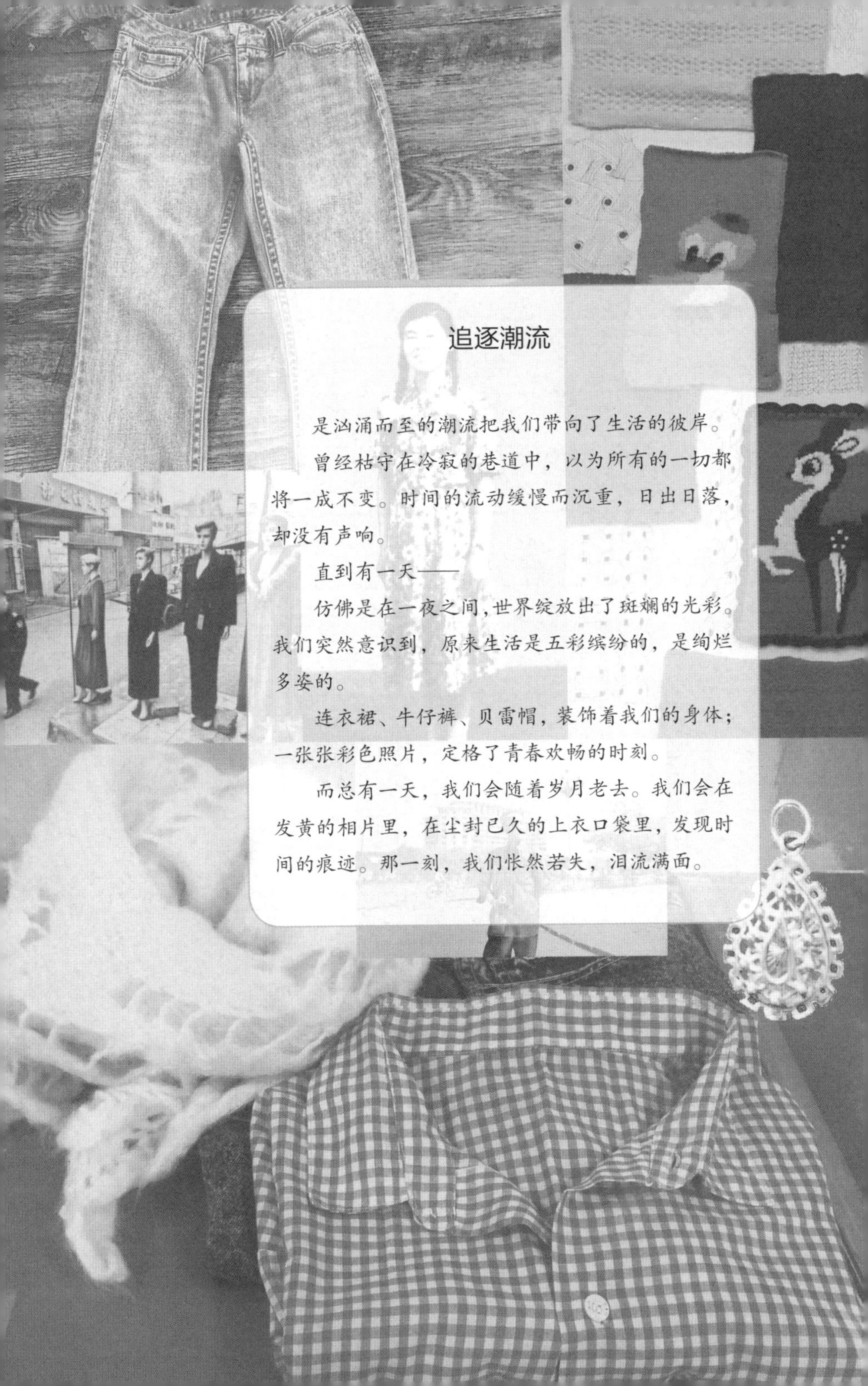

## 追逐潮流

是汹涌而至的潮流把我们带向了生活的彼岸。

曾经枯守在冷寂的巷道中，以为所有的一切都将一成不变。时间的流动缓慢而沉重，日出日落，却没有声响。

直到有一天——

仿佛是在一夜之间，世界绽放出了斑斓的光彩。我们突然意识到，原来生活是五彩缤纷的，是绚烂多姿的。

连衣裙、牛仔裤、贝雷帽，装饰着我们的身体；一张张彩色照片，定格了青春欢畅的时刻。

而总有一天，我们会随着岁月老去。我们会在发黄的相片里，在尘封已久的上衣口袋里，发现时间的痕迹。那一刻，我们怅然若失，泪流满面。

改革开放初期，海子边服装一条街大名鼎鼎、享誉华北，是全国十大市场之一。巷子里，柜台挨着柜台，摊点挤着摊点，是当时追逐时髦的年轻人趋之若鹜的地方。能搞价、品种多、衣服港气，是海子边最吸引人之处。在海子边，太原人第一次见到了喇叭裤、牛仔裤、蛤蟆镜！

照片提供：程耀宝

# 从海子边摆柜台开始

讲述：杨家珍

采访：雷永莉

1988年9月，我考入山西大学的第一个星期天，和同学相跟着，从山西大学站乘3路电车，在终点站五一广场下车，步行两分钟就到了海子边。海子边没有海，扑面而来的是鳞次栉比、数不胜数的摊位，琳琅满目、应接不暇的衣服，摩肩接踵、川流不息的人潮，此起彼伏、不绝于耳的吆喝。一个烫卷发、穿牛仔裤、脖子里挂着一根比麻绳不细的金灿灿链子的年轻男人，手里拿着一把衣架，每个衣架上都挂着一件衣服，在熙来攘往的人群中边晃边吆喝："这边看这边看，广州最时兴的啊！"我看中的是一款珍珠白衬衫，长袖，袖口处用松紧带扎了一圈，像一个小灯笼。最惹眼的是领子，不是小尖领，也不是小圆领，而是像荷叶一样大、镶着花边的领子，穿上后正好轻轻地搭在肩上，风一吹，像飘舞的荷叶，别提有多美了。一通讨价还价后，我心满意足地买下了这件完全颠覆我大脑中衬衣概念的时髦衣服。

后来我才知道，"海子"在古鲜卑语里是水池、湖泊的意思，文瀛湖就是一个"海子"，海子周边的地方就自然叫海子边了。海子边南连五一广场，北接桥头街，东连五一路，享誉华北，是全国十大市场之一，是改革开放初期时尚追逐者趋之若鹜的地方。

其实海子边因为自古和钟楼街、桥头街、柳巷等富庶的商业街血脉相连，一直是从商者的必然选择。明清时期，晋商票号汇通天下，晋商精神也随之广为传扬。清代，许多有眼光的商贩们就把摊点设在海子边了。新中国成立前，海子边东边是经营小本生意的场所，西边是老百姓的文化娱乐场所。上世纪 50 年代，太原流传着一句顺口溜：抽的顺风烟，看的丁果仙，逛的海子边，赛过活神仙，意思是生活美滋滋的。

30 年后的 2018 年，我走进位于柳南的杨家珍家，和这位当年曾在海子边摆柜台的女士面对面坐在沙发上。杨家珍黑发短而直，穿一件米色戴帽的棉布小风衣，个子不高，脚步轻盈。得知她和我的母亲年龄相仿，我却无法把她的着装、举止、言谈、眼神和七十多岁的老人画等号。

## 一、租下两米柜台

杨家珍在海子边摆柜台时已经三十多岁了，在工厂上班的她有两个儿子，日子过得紧巴巴的。一次偶然的机会，她去海子边买衣服，就见窄窄的巷子里挤满了人，人挨人，人挤人，一群人在一个柜台前正抢着买东西。她站在那儿看了足有 10 分钟。这时，一个操着南方口音的人走近她说："大姐，我有一批毛衣，你能帮我销吗？"杨家珍从小胆子大，喜欢挑战，她想："销就销呗，试试看。"

就这样，她接下了温州人的 100 件毛衣，男士的、女士的，大红色、明黄色、天蓝色，在海子边租了个两米多的柜台，寻思着挣点钱贴补家用。"女士毛衣卖得可好了！最贵的 58 元，最便宜的 40 元，一天就卖了 20 件！毛衣是机器织的，弹性大，轻薄，裹在身上特别显身材。不像之前咱们自己织的毛衣，颜色单调不说，还没型儿，男的女的穿上都像油桶，哪有啥曲线美。"杨家珍说，"不敢多挣，一件就挣两块钱。好在温州人是先把货给我，我挣下钱再给他货款，压力不大。"从那时起，杨家珍就忙开了，每到礼拜天，她就蹬40分钟自行车去海子边守柜台，挣回钱，就赶紧还货款。剩下的6天上班时间，她白天雇人给她看柜台卖货，下了班又骑车40分钟去海子边，收一天挣下的钱，看啥缺货。哪怕一天挣两块钱，她也高兴得不行。当时，一个过油肉7毛钱，两块钱能好好改善一下伙食了。

在海子边摆柜台的事，她不敢跟同事朋友说，那时，在单位上班是非常体面的事，摆摊挣钱会让人瞧不起。

## 二、在火车上轮流睡地板

慢慢的，她不单单卖毛衣了，自己去西安、石家庄进回中山装、军大衣、军裤、秋衣、秋裤等，啥好卖卖啥。

她星期六晚上坐上火车，星期天早上到西安进货。每次去进货，她都相跟几个人一起去。不舍得花钱买卧铺，她们就把进货的麻袋铺在座位底下，一个人睡两个小时，时间够了就起来，另一个人再去睡两个小时。到了车站，直奔进货市场，然后再搭当天的火车返回太原。冬天火车上没暖气，她们只能围在茶炉旁边，暖一暖冻得伸不展的双手。

“在火车上还得防小偷。”杨家珍说，“我们身上装的都是进货的钱。有一次半夜累得睡着了，同伴的衣服口袋就被小偷割开，钱被偷了，气得我揪住列车员的衣服怒气冲冲地说：‘你必须给我们抓住小偷，要回钱来，要不我回到太原找你们局长告你去！’”杨家珍也不知道自己从哪儿来的那么大的勇气。她说，钱都是姐妹们起早贪黑一分一分挣的，一下就让小偷偷走了，气得连死的心都有了！

## 三、花3000元装修时装屋

上世纪80年代末，位于柳南的万事发时装店开门，六七百平方米的空间里，灯火通明，落地玻璃窗明亮干净，冬天有暖气冻不着，夏天有风扇热不着，比海子边的环境好了很多。两年后，杨家珍紧挨着“万事发”又开了一家邻街的门店——涛涛时装屋。

杨家珍的时装屋是花3000元请一位聋哑艺术家设计装修的。在普通人月工资还不到100元的1987年，花3000元巨资用于装修，好多人都说杨家珍疯了，可杨家珍觉得值。不足20平方米的小阁子里每天人来人往，热闹非凡，不论是男式西装，还是女士套装、套裙，她的衣服一挂起来就有顾客看上买走。不仅如此，她的时装屋里还有口红、眉笔、睫毛膏、粉底液等化妆品，很多顾客不买也要来看看稀罕。印象最深的是1988年夏天，她从广州进回来一批花色的男式汗衫（就是现在说的T恤），有圆领，有T恤领，五颜六色的涂鸦图案，和香港电视剧里的明星穿的一样。汗衫一上市就被抢购一空，太原人从没见过花色的男人衣服！还有一款淡粉色的百褶连衣裙，一件200多块，一天竟能卖出去20件，连她自己都不明白百褶连衣裙为啥这么受欢迎。

卖服装挣的是辛苦钱，别说年三十，就是大年初一都不能休息。有一年三十晚上，货几乎全卖光了，就剩下一条男裤。杨家珍大年初一一大早就去火车站，赶到石家庄进货。去了一看，石家庄的批发市场早就关门了。

## 四、巧遇郭兰英

上世纪80年代末的太原，一到晚上七八点钟，商店都关门了，街上黑咕隆咚，静悄悄的。只有万事发时装店和涛涛时装屋里还是人声鼎沸。这儿的营业时间是早9时到晚11时，晚上的生意一点不比白天差。迎泽宾馆和涛涛时装屋就隔着柳巷这条不宽的马路。晚饭前后，旅行社导游，住在迎泽宾馆的香港、台湾客人，都会到“万事发”逛一逛，买几件时髦衣服。

有一天，她的时装屋前面突然围了很多人，人们指指点点议论着什么。她定睛一看，只见人群中间，有一位中年女士，个子不高，圆圆的脸盘，白皙的皮肤，慈眉善目，气质高雅——这不是在电视上唱《人说山西好风光》的郭兰英吗！“人越围越多，都像看西洋景似的。这么下去，会把人挤坏的。”杨家珍边想办法边挤过去，拉着郭兰英的手，拨开人群，穿过斑马线，把郭兰英护送到人行便道上。她只记得郭兰英操着字正腔圆的普通话对她说：“你真是个好人！”

## 五、租下柳巷门面

岁时更迭，“万事发”和“涛涛”的门庭若市很快被后来的绿宝、红宝时装店改为三足鼎立的局面。杨家珍感知到了市场趋势，又在寻找新机会。

上世纪 90 年代初，在柳巷中段的黄金位置——万嘉大厦北侧，她租下了一个 10 平方米见方的门面，专卖中高档男装，因为女装的潮流变化越来越快，压货渐成家常便饭，而男装相对而言款式、面料稳定。这次华丽转身，杨家珍转得恰逢其时，没过一年，太原人潮流的风向标就从柳南转到柳巷中段的立达国际商城了，这里是太原人眼中的“小上海”。“涛涛时装”就在“立达”对面，天时、地利，她的选择可谓顺势而为。

立达商城的热闹再一次让杨家珍坐不住了，她在这里又租下了一个时装阁，作为“涛涛时装”的分部，赶上了又一波时尚大潮。

时装潮流风起云涌。“立达”在红火了近 10 年之后，渐渐被成长起来的新一代年轻人冷落了。“涛涛时装”和大多数商户一样关门歇业。现在仍在“立达”做管理工作的杨家珍感慨万千，她希望有一天“立达”能重现往日风采。海子边则是她最惦念的地方，毕竟，那是她人生奋斗和转折的起点，从那时起，她拼尽全力用勤劳智慧和顽强意志证明了一个简单的道理：想得到就必须付出！

1987 年，厉秀秀在桃园四巷东段开了制衣店，做女士套裙，也做这样的男士西装，双排扣，挺括的牙签呢，扣子上的 Logo 是世界名牌皮尔 · 卡丹。仿佛一夜之间，太原多了许多温州人，修鞋、修雨伞、美发、做衣服。他们住在低矮的出租屋里，用单薄的外套抵御着北方的寒流，做着本地人看不上，其实也不会做的小生意，然后迅速积累起财富。

实物提供：厉秀秀 徐贤敏

# 她为太原人做了 31 年时装

讲述：厉秀秀　徐贤敏

采访：黄海波

这是一条很普通的巷子，不宽不窄，行人不多不少，两侧居民楼的一层门面开着便利店、熟食店、邮局、移动手机商店。如今貌不惊人的桃园四巷曾经是太原的时装发布中心，最鼎盛时期开着 140 多家制衣店。31 年前，厉秀秀第一个相中了这块风水宝地。

## 一、一个月能寄一千块钱回家

厉秀秀 1987 年来到太原。丈夫徐贤敏比她晚几年。到太原就直接来到桃园四巷，一站到底，来了就没离开过，只是位置从 17 号挪到了现在的 53 号。

来之前，她听说有个老乡在桃园四巷西段开了一家裁缝铺，生意很好。来了一看，那边门店没有了，她就往东段挪，感觉这边更好。那时候这个地方看起来像农村，房子破破烂烂，胡同最窄的地方如果两个人相向而行得侧侧身子才能让过去。

厉秀秀看中的位置原本是个厕所。她和房东说："大娘，这个位置蛮好的。"房东老太太说："那把厕所堵了呗，堵了你开裁缝铺就行了。"这间厕所改成了厉秀秀的小铺子，一点点大，三四平方米，这就是桃园

左边第一间是厉秀秀刚到桃园四巷时开的裁缝铺　厉秀秀提供

四巷东段的第一家裁缝铺。

来太原之前，厉秀秀在温州老家学过裁缝，能裁能缝，技术好，嘴巴甜，人又很能吃苦，太原人很快就喜欢上了她做的衣服。她和两个堂妹一起开店，厉秀秀裁衣服，两个堂妹一个轧衣服，一个轧裤子。那时候做一条裤子 2 块 8，衣服也没几块钱。三个人做得很辛苦，一天只能睡几个小时。

当时太原人做时装，第一选择就是桃园四巷。结婚前，新郎新娘到这里，先选毛料，纯毛华达呢、纯毛毕叽、纯毛礼服呢，混纺的就不考虑了。新娘要做连衣裙、彩色毛料西服套裙；新郎做一身灰蓝色纯毛西服，西装上衣加西裤，时髦一点儿的还会做一件西装马夹，后背是光滑的美丽绸，感觉自己一下子成了风度翩翩的电影明星。

忙乎了一年，当年过节回家，厉秀秀手里提着大包小包，衣着又时兴，老乡一见就夸："哎呀，你们干得这么好呀！"厉秀秀实话实说，告诉他们："还行。"裁缝铺开了没多久，一个月就能寄 1000 块钱回去，现在说起来，厉秀秀都一脸笑容："好开心哦！"

第二年，厉秀秀的店旁边又开了一家温州裁缝铺，然后裁缝铺就慢慢多起来了。1994 年、1995 年是桃园四巷制衣生意最鼎盛的时候，差不多有一百四五十家店，其中几十家都是和厉秀秀原来一个村里的，亲戚带亲戚，就这样成了规模。

厉秀秀和两个堂妹一起干了三年，后来妹妹们一个个长大了，又各自找了对象，就分开了。"她们都学会了技术，可以自力更生了，分开也照样能挣钱。"厉秀秀说。

## 二、员工们都过得很好

1994 年前后，生意特别好，厉秀秀开始雇工人。工人都是从温州那边带过来的，本地工人没有经验，不会做。这样做了几年，慢慢有山西农村的孩子过来，干些打下手的活儿。学着学着她们自己也想学做服装了，厉秀秀和徐贤敏就慢慢地把她们一个一个带出来。现在的员工大部分都是山西本地人。

在制衣店打一份工，可以养家，过得一点儿不比别人差。有两位员工，一个是长治的，一个是榆次的，跟厉秀秀干的时间最长。来的时候十七八岁，现在三十六七岁，都留在太原了。一个的孩子上初中，另一个的小儿子在桃园小学上学。她们过得都很好，别人很羡慕她们。买房子、供孩子上学，在这里打工都可以挣得到。

## 三、很遗憾加不上互联网

桃园四巷的制衣店生意在 2004 年时走到低谷。成衣市场扩大了，加上胡同拆迁改造，房子拆掉了，大家回老家的多，留下来的少。厉秀秀和徐贤敏想了想，还是决定留下来。她觉得做服装还是有前途的，"搞房地产，或者其他东西，好是好，我们不会。”这期间徐贤敏试着卖过酒什么的，发现还不如做衣服挣钱。思来想去，做衣服才是自己最拿手的。

那时人们都说制衣业是夕阳产业，可厉秀秀不这么想。产业要跟着时代变化，要适应这个时代，就不会是“夕阳”。所以厉秀秀和老公当时就对纷纷搬离的商户说：“10 年以后我们还会在这里。”现在十几年过去了，他们果然还在这里。

回忆在太原做时装的 31 年，最早以前，人们拿一块布来加工。上世纪 90 年代以后就是做西装，厉秀秀雇的员工主要是做西装，人多，生产效率高。进入新世纪之后，做西装的人慢慢少下来，但职业服还可以，以团体为主。这几年职业服少了，她的工作重心也变了，变成个人的高级定制，店铺的名字也变成了高大上的“工作室”。她说：“做什么都得学习，不断摸索，还要出去学。去年我们还去上海学习了，去学别人的经验，到好的厂里参观，学新的理念。你要不学习，就要被人家淘汰了。”

徐贤敏很遗憾地说：“我们这一代人真的是有缺陷，现在都说‘互联网 +’，我们是加不上去了，加上去了生意就好做了。现在学电脑的人是很多，但是后续的服务和衣服得跟上，我怕我们的衣服跟不上。”

### 四、现在还是一天工作 16 个小时

温州人常说，自己的优点就是吃苦耐劳，再大的老板每天都还自己干。厉秀秀也是如此，这么多年来一直在干，裁衣服、整衣服，晚上一点多睡觉，早上八点准时起来。到现在也是一天工作 16 个小时，只是没有那个时候强度大。一年到头没有星期六星期天，干满 11 个月，过年回家，能好好休息一个月。她说：“做服务行业，只能这样。你出门，人家打电话来，你叫人家等也不好。如果不这样辛苦，我们也干不到现在。”

随着高级定制的复苏，多年未见的老顾客也慢慢转回来，见了厉秀

秀都少不了赞叹："你怎么还和原来一样呀？"厉秀秀说："太原这个地方挺养人的。"

太原的天气厉秀秀最喜欢，不像温州老是下雨。她怕热，太原的夏天连电风扇都不用开。现在条件好了，安了空调，以前没有，直接打开门就很凉快了。过年回家，那边又冷又潮，太原却蛮暖和的。无论在太原还是回温州，每次人家问山西怎么样，厉秀秀就说："山西很好啊，要不然我能留 30 多年？"她没想过去别的地方，就是一站到底。

## 五、我们沾了时代的光

桃园四巷能成为服装一条街，不是一个人、一家裁缝铺的缘故，是时代的关系，这里浓缩着中国改革开放的过程。最早那批个体户在马路边、农贸市场摆摊；第二批个体户，就像厉秀秀这样，自己租房开店；后来就变成在服装城这种大型市场、商场里面开专柜。时代就像服装潮流一样，一直在变，厉秀秀说自己一路小跑，才能跟上变化。

她刚到太原的时候，做的全是女装，西服、职业装、连衣裙都做。当时有个电视节目叫《五彩缤纷》，主持人都到她那儿做衣服，做套装。一件小褂褂加裙子，别人看了也都模仿，大家穿的几乎一模一样。

刚开始，顾客的要求是能穿就行，到现在要穿得得体、穿得个性化。20 年前流行高垫肩，然后是低垫肩，垫肩越来越小，后来就不需要垫肩了。从去年开始，垫肩又有点儿回潮，叫翘肩。原来只是垫高，现在要翘起来。

从业 31 年，厉秀秀穿的衣服全是自己做的，从来没有买过衣服，连秋衣都是自己做的。她刚给自己做了件紫色连衣裙，特别好看，有位女顾客看了，马上定了两条。

她说："我喜欢做衣服，这是我自己喜欢的事情，也能让我们过得好好的，干吗要改行呢？"

上世纪八九十年代，很多人到太原的五一广场、迎泽公园游览，都会在那儿拍张照片留个纪念。尚庆华和他的父亲便是当年给我们照相的人。一台相机，一个自制的照相广告招贴架，承载了人们的美好记忆，也记录了尚家父子通过辛勤劳动追求美好生活的创业历程。

实物提供：尚庆华

# 在公园门口拍照的人

讲述：尚庆华

采访：邢晓梅

很多老太原人都有这样的记忆：上世纪八九十年代，五一广场、迎泽公园门口，有一些照相的摊点，很多人到那儿游览的时候，都会拍张纪念照留念，而本文的主人公尚启英、尚庆华父子，很可能就为您拍过这样的照片。

## 一、“不到两个月就买了台海鸥牌照相机”

尚启英，1921 年出生于山西大同，曾是一名部队的战地摄影员，早年毕业于黄埔军校十七期，经历过抗日战争和解放战争。新中国成立后，他曾在山西农业电影制片厂工作，1958 年加入中国摄影家协会，拍摄了不少纪实类摄影作品，后来被分配到省农牧厅，数十年一直从事摄影工作。

改革开放之初，尚启英刚刚退休，参加了太原市工商局在红旗剧场举办的一场动员会后，他来到工商局并州路管理所，办理了一张个体工商营业执照。在改革开放的大潮中，乘着我国大力发展个体私营经济的春风，尚启英成为太原市最早的一批个体工商户。如今这份保存完好的 005 号营业执照，成为山西省现存最早的一份个体营业执照。

个体工商业营业执照
副本 第005号
姓　名 尚啟英　资金数额
从业人员 壹人　生产经营方式
生产经营范围　营业地点 逍遥公园北门
主营 照像、洗像
兼营 照像材料
中华人民共和国国家工商行政管理局制

005号个体工商营业执照　　尚庆华提供

就这样，尚启英利用自己的摄影专长，背起照相机，在五一广场摆起了照相摊，给游客照相、洗相、放大，顺带还卖卖胶卷什么的。

受父亲的影响，尚启英的二儿子尚庆华从小就特别喜欢摄影。今年70岁的他回忆道："父亲开设摄影点，一直是我在帮忙。"

花3毛买1袋显影液、1袋定影液，1块5毛买5张相纸，1块买3个胶卷，再借上一台照相机，照相服务点就开张了。当时在广场设照相摊点的都是国营照相馆，如开明、鼎章、福利等，和他们相比，个体户没有优势，肯定竞争不过人家，人们更愿意到国营摊点去照。"父亲特别有经营头脑，他想到一个妙招，在摊前立一块牌子，上面写着'中国摄影家协会会员为您服务'，这下就把顾客都吸引过来了。"不到两个月，他们就用挣的钱买了台海鸥牌照相机，型号是2024b，还配了放大机和洗相机，把借人家的相机还了回去。

刚开始创业的时候，特别艰难。他们每天一大早从南宫的家中出发，把广告架放在自行车的脚蹬子上，身背两台相机，还有其他照相用的东西，负重十几公斤，推着自行车走到广场去摆摊。从早晨九点到下午四五点太阳落山，在户外一站就是一天。那时的冬天特别特别冷，即使穿着军大衣、皮靴，戴着皮帽，也抵不住那份寒冷。

刚开始一天只能拍七八张，甚至有的时候只有一两张。虽然艰辛，但也有快乐时光。尚庆华最开心的拍摄经历，是和父亲进行的一次摄影创作，“记得有一年全国自行车赛在太原举办，我和爸爸守候在迎泽公园门口，看到自行车运动员骑过来了，赶紧蹲下去拍。为了取得更好的拍摄效果，我和父亲索性躺到地上，去抓拍运动员的英姿。运动员一个接一个地从我们身边飞驰而过，我们扭着身体，端着相机用镜头追着他们拍。”

### 二、“做生意，动脑更得用心”

刚开始，尚庆华是帮着父亲干，后来，家里的生意实在忙不过来，在二四七厂工会上班的他放弃了舒适的工作，1989 年办理了停薪留职手续下海了。尚庆华有一套自己的生意经。为了降低成本，他经常坐着火车到保定胶片厂去买电影胶片，一买就是两大盒，背在身上挤火车。返程时先到北京，再从北京倒车回太原，回来后在暗房将电影胶片剪成 82 厘米的标准尺寸，缠成胶卷卖，1 块钱 1 卷，比乐凯的便宜一半，这样成本低了，利润就更大些。

尚庆华说:“做生意是要动脑筋的。父亲带着我，一直紧跟时代发展，灵活经营，服务到位。以前拍照，人们大都是规规矩矩地站着或坐着拍，十分单调，我们就买上雨伞、塑料花等当道具，让顾客拿在手里拍。渐渐的，顾客多了起来。我特别喜欢钻研照相技术，不断琢磨新的制作方法。比如在镜头前放块水银玻璃，便能拍出来倒影的效果；挡住一半镜头曝光，然后再在相反的一半曝光，就显现出两个同样的人像；为两个人拍照，可以互换头部；先拍个电视机的样子，用薄薄的铜皮裁成电视屏幕大小，分次曝光，照片洗出来，人就进了电视机里。人们特别好奇：咦，怎么我到了电视机里？因为国营照相馆没有这项技术，所以它特别

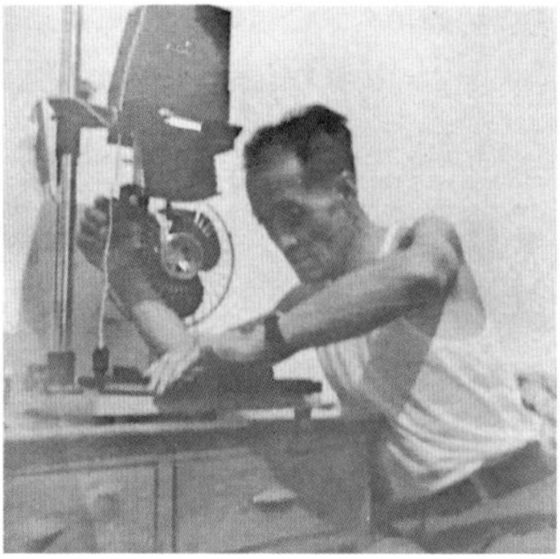

父亲在家中用放大机制作照片　　尚庆华提供

洗在电视机里的照片　　尚庆华提供

受顾客欢迎，照这个样子拍的人很多。”现在通过电子技术很容易做到的事，当年完全通过技术手段来完成，反映了尚庆华过人的巧思。这样一来，独有的技术更是让他们在众多照相馆中脱颖而出，吸引了更多的顾客。这种创造性和探究心，尚庆华保持了一辈子，直到现在，他还在研究流行的摄影制作方法。

说起当年与家人一起打拼的故事，尚庆华的言语和动作中透露出抑制不住的兴奋：“生意好的时候，一天能拍四五个胶卷，五六十张，一个胶卷能拍 12 张。后来我们把摊摆到了迎泽公园正门东侧，生意就更好了。那时有了快速冲卷的技术，120 胶卷冲一卷 2 毛，135 胶卷冲一卷 5 毛，我们也就扩大了经营范围，除了拍照，还快速冲卷。每天我坐在大太阳地里，一手夹 4 个胶卷，两只手伸进黑套袖后面的箱子里，里面是两个干净的痰盂……”尚庆华左右手比划着，“一边是显影液，一边是定影液，时间全凭经验，完成之后把胶片放到一旁的大铝盆中，在清水中冲一冲，晾干后就可以给顾客了，有的顾客不等晾干就湿着拿走了。全家人在一起忙活，可热闹了。我们没有节假日，越过节越忙。顾不上吃饭，母亲就在家煮一大锅鸡蛋送来，饿了大家就剥几个鸡蛋吃。遇上节假日，忙的时候，我们全家8口人齐上阵，照相、冲洗、卖胶卷、煮鸡蛋、卖冷饮……干得热火朝天。”

上世纪80年代末、90年代初有了彩照，尚庆华和唐明饭店楼下的山西省旅游彩色扩印中心建立了联系，拍完拿着胶卷就跑到那儿去洗。“三个！”一会儿又跑来：“两个！”同时把前面洗的卷拿走，让顾客一个小时就能取照片。

“做生意，动脑更得用心。母亲退休后在迎泽公园北门口摆了个冷饮摊，我们先到湖滨饭店、食品三厂、农牧厂牛奶站批发上大白雪糕、雪人、太钢汽水和塑料袋装的饮料，用客货车拉上一车，光汽水一天就能卖24箱。一箱24瓶，3毛一瓶，数我家卖得好，别人都比不上。卖饮料也是有技巧的，比如夏天冷饮卖得好，我们就把袋装饮料冻成冰块再卖；冰镇汽水受欢迎，我们就到桃园南路的太原鸭厂买上一大块冰，放在大铝盆里，把汽水摆在上面，冰好了再卖，销量特别好；再比如，两个粘在一起的鸳鸯雪糕，3毛一根，同样的雪糕，我们这样叫卖：‘鸳鸯雪糕，3毛两支！’人们听见觉得这个便宜，就到摊上买3毛两支的，拿出1毛5，我们就把雪糕一分为二：‘给你，3毛两支，1毛5一个！’”

付出了几十年的辛劳和汗水，一个普通家庭，用辛苦与努力创造了美好人生，实现了殷实、富足的生活梦想。

但在当时，人们对个体户是有偏见的，常常用歧视的眼光看待他们，说干个体户的，不是住过监狱的，就是调皮捣蛋的，周围的朋友也都说他们一家不务正业。每天晚上收摊后，一家人热热闹闹地回到院子里，邻居的话语中既有羡慕又带点嫉妒：“看人家有钱！”他们听后心里不是滋味。父亲对此很坦然，宽慰孩子们：“咱们每天起早贪黑，早出晚归，夏天晒脱皮，冬天冻得直发抖，挣的钱又不是偷来抢来的，是用辛苦换来的，不用怕！”后来人们看到他家靠这个挣了不少钱，生活发生了很大改变，再加上社会的支持，认为勤勤恳恳为百姓服务的劳动者是光荣的，应该得到社会的尊重，也就慢慢改变了对个体户的看法。

### 三、“它给我们家创造了财富”

随着时代的发展，40 年间，个体私营经济经历了从无到有、从小到大的发展过程，经历了从无名无分到名正言顺、从被人歧视到令人羡慕的曲折过程，经历了从恢复到蓬勃发展的过程。尚庆华说他们家的兴旺发达，与父亲开放式的理念是分不开的，是父亲为他们创造了一种和谐快乐的经营氛围。“父亲在太原市个体劳动者协会担任副会长、理事 20 多年，多次受到山西省、太原市、迎泽区个体劳动者协会的表彰，荣获‘光彩之星’荣誉称号，八九十岁仍然每天去工商所帮助大家工作，直到 91

1986 年，尚启英（二排左四）参加山西省个体劳动者协会表彰会时与太原代表合影　　尚庆华提供

个协会员证　　尚庆华提供

岁安然离世。”

“幸福都是奋斗出来的。”尚庆华引用一句当下流行的话说。改革开放 40 年，尚庆华的身份由令人侧目的“个体户”变成了闪光灯下的“创业者”，不变的是他身上不安于现状的精神。

1991 年，山西第一个服装批发市场成立，尚庆华投资 3000 元集资门面房，开始了第二次创业，成为山西服装批发市场的首批个体户。这一行，他又干了 27 年。2018 年，他被推选为“山西民营企业协会理事”。

尚庆华的儿子尚珺大学毕业后，也下海经商，成了尚家第三代个体户。尚珺运用自己所学，与时俱进，在商海中紧跟时代潮流，不断创新。2015 年 7 月，他在父亲的支持下成立了自己的公司——山西龙城五兄弟商贸有限公司，尚珺任总经理。尚庆华退而不休，虽七十高龄，却仍然每天到儿子的公司去帮忙，风雨无阻。他毫无保留地把自己做生意的经验传授给年轻人，并团结商户，培养了一批优秀的创业人，使越来越多的人品尝到改革的红利。

尚庆华一直珍藏着上世纪 80 年代初与父亲在五一广场、迎泽公园门口设立照相服务点时用的广告招贴架。这是一个木质支架，上面镶着一块玻璃，里面摆放了七八张照片。照片会随着时间更换：过节前，把在公园门口花坛装饰作背景的照片换上；冬天，就换成白雪飘飘的。以迎泽宾馆八角大楼为背景的照片最受欢迎，很多游客都选这个模板拍。当年，尚庆华与父亲就是靠它和几台相机创造了财富，创造了美好生活。

听说太原要举办庆祝改革开放 40 周年实物展活动，尚庆华把当年的广告招贴架从地下室找出来护送到太原美术馆，他说这件物品对他虽然很珍贵，但用于展览更有意义。离开时，尚庆华抚摸着架子拍了又拍，像拍着一位老朋友的肩：“在地下室放了二十几年不曾动过，今天拿出来，突然觉得有点舍不得呢。家里如今的好光景，就是从这儿开始的。”

“展望”见证了改革开放以来老百姓渴望照相、留住美好瞬间的历程。从黑白照片到彩色照片，从过年过节在照相馆照相，到买相机、买胶卷自己拍照……太原人在曾经一天洗 6 万张彩照的“展望”，实现了自己的梦想。

实物提供：顾小棣　王映东

# 胶卷时代的“展望”传奇

讲述：顾小棣

采访：雷永莉

当我终于联系到顾小棣，向他展示我们已经征集到的“展望”VIP卡、相片袋时，他被我们的诚意打动了，答应回去找一件能把我们带回“展望”的物件。

“好不容易找到一个英国胶卷，伊尔福。这是个好卷，当年四五十块呢，可能我没舍得用才留下来了。”我从顾小棣手里接过这个宝贝仔细端详，纯白底色的纸盒子，比我曾经用过的柯达、富士、乐凯胶卷盒瘦小一圈，上面印着密密麻麻的英文字母。顾小棣打开了话匣子：“英国的伊尔福只出黑白卷，是120相机专用胶卷，一卷能照12张。是50锭的，超微粒，拍出的照片层次很丰富，灰度极好，比如拍出的天空，云是一层一层的，非常美。”

这个胶卷是他2002年买的，自己拍照玩。这样的专业胶卷只有专业人士才能接触到，像我这样的普通人只知道买胶卷一定要买柯达、富士、乐凯。那冲洗胶卷去哪里？经历过上世纪80年代从黑白照片到彩色照片转变的太原人，10个人里有10个人会给出同一个答案：当然是“展望”了！展望图片社位于迎泽大街上，它在当时的知名度绝不亚于这条宽度仅次于长安街的让太原人为之骄傲的街道。顾小棣便是当年的展望图片社经理。

顾小棣坐在沙发上，说起“展望”那些事儿如数家珍，侃侃而谈，愉快、自然、轻松。胶卷早已淡出我们的生活，然而，它和我们一起度过的日子却因光阴的酝酿和沉淀，变得愈发有滋有味。

### 一、洗彩照：一天洗了6万张

“1983年，省邮电局响应国家号召，创办知青企业，解决职工大儿大女的就业问题，职工子女都二十多岁老大不小了，没个正经干的。”顾小棣的普通话字正腔圆，还带着浓浓的京味儿，话语中时不时会出现一个极富时代感的词语，对于比他晚出生十几年的我，这些词儿听上去莫名其妙。

“什么是知青企业？”

“学校毕业没有工作的都叫知青，实际就是待业青年，但那时候还没有这个词儿。后来知青企业这个词儿也没有了，改叫城镇集体企业。”

当时在省邮电局工业处上班的顾小棣，拿着领导给的2000元，办起了知青企业——展望图片社，冲洗扩印彩色照片。

彩色照片是个稀罕物，也是奢侈品。在“展望”之前太原有两家彩扩店，洗一张5寸彩照1元，一般人根本洗不起，主要接待单位的冲洗业务，所以百姓不知其名。一个彩色胶卷能拍36张照片，买一个胶卷20元，这样算来，买一个卷、洗一卷照片要花掉56元！56元可不是个小数字，那时一般人的月工资只有二三十元。

“我的工资33.3元，两个月不吃不喝才够洗一个胶卷。”顾小棣对他的工资记忆犹新，他说：“所以，‘展望’一开门，我就定价洗一张6毛钱，虽然价格也不低，可是一般人就能洗几张了。”这个大幅度的降价，掀起了一股冲洗彩照的热潮。顾小棣自己都没有想到，洗照片的人蜂拥而至，每天都有成千上万张照片等着他们冲洗。1986 年有一天竟然洗了 6 万张，门市部（就是现在说的前台）白天马不停蹄地接收顾客拿来的胶卷，后面的机房里两台扩印机 24 小时连轴转，冲洗照片。工人三班倒，人歇机器不歇。

“大部分都是家庭合影。”顾小棣回忆着那时的照片内容。“展望”就像突然打开了一个水坝的出口，老百姓对家庭生活的重视、对留住美好瞬间的渴望、对彩色照片的极度热爱，一下子都释放奔涌出来。“展望”，成了那个时代人们洗彩照的集体记忆。

### 二、扩印机：用外汇券买来的进口货

“展望”买的第一台设备是日本产扩印机，人民币售价 36 万元，简直是个天文数字。顾小棣从银行贷了 30 万元,但只有人民币还远远不够，购买的过程相当复杂。一位在外贸公司上班的同学介绍他到中国银行找到熟人，换外汇券（改革开放初期，国务院于 1980 年 4 月 1 日授权中国银行发行外汇兑换券。外籍人士须将所持外币在中国银行或指定的外汇代兑点兑换成外汇券，并在指定范围内与人民币等值使用）。银行的办事员听说是知青企业来换外汇，很爽快地答应了。在“展望”之前，他还没有接待过来换外汇的知青企业。“我们去的时候外汇是 2.8 元人民币兑 1 美元，但是调剂外汇要增加 10%，就成了 3.08 元人民币兑 1 美元。简单说，你买 10 万美元的进口商品，需要人民币 30.8 万元。”换好外汇，他通过外贸公司在香港捷诚洋行买回了日本进口扩印机。

纯日文的说明书没人看得懂，出售设备的公司派香港工程师芦先生到“展望”培训扩印工。芦先生祖籍广东，说一口纯正的粤语，听上去和外语没啥区别，一个字都听不懂。在山西师范学院工作的同学替顾小棣想了个办法，从学校大海捞针般找了两个广东籍学生，充当临时翻译。

顾小棣开着他的拉达车把芦先生从飞机场接到展望图片社，晚上工作结束再把他送回山西大酒店。芦先生非常好奇地问顾小棣：“为什么才晚上 8 点，路上就漆黑一片了？”隆冬季节，寒风刺骨，滴水成冰，太原人都穿着厚厚的棉衣、毛裤、棉鞋，芦先生却只穿着一条麻质的白色单裤。顾小棣担心他冻感冒，就关切地说：“太原冷，我给你买条秋裤穿上吧。”芦先生看着他，一脸茫然：“什么是秋裤？我从来都只穿一条单裤的。”顾小棣说：“香港人走在街上，穿着打扮、行为举止都特别显眼，一眼就能看出来。”芦先生每次来太原，听到消息的人都会专门跑到展望图片社围观。因为，香港人的“港气”是个非常神秘的传说，能够亲眼见到香港人，也够在亲朋好友间炫耀一番了。

## 三、2000 元：员工奖金超过全家人工资

“那台扩印机买回来以后，我们就开始挣大钱了。”顾小棣说的“大钱”究竟有多大？

“那时候还没有百元大钞，人民币都是 1 元、2 元、5 元、10 元的面值，我们收的钱要拿面袋装，一点儿不夸张。”顾小棣说。他们没有每天把钱存到银行的习惯，晚上就把钱在店里放着，从没有丢过。

“我们是低工资高奖金，职工的奖金跟着企业效益走。社会上普遍工资一两百元的时候，他们能挣到 2000 元，比全家的工资加起来都多。”

职工挣钱多，一定是企业效益好，去洗照片的人多。“是什么原因让太原乃至山西人都喜欢到‘展望’洗照片？”我终于抛出了这个听上去很俗的问题，我坚定地判断，这里面应该藏着“展望”曾经让人趋之若鹜、现在依旧让人念念不忘的密码。

顾小棣毫不迟疑地给出了答案：“其实这就是个质量问题。第一，柯达相纸有很多种，我们用的是最贵的柯达金相纸。第二，洗相的药，

我们用的是进口原装药粉，比国产药粉贵好几倍。如果用质量不好的药粉，冲出来的色彩是不均匀的，洗出来必然偏色，必然发灰，必然有这样那样的问题，我们不要那玩意儿。我们不偷工，不减料，所以洗的照片是最好的。”

当然，扩印员的认真程度直接决定着照片的冲洗效果。扩印员需要做两件事，一个是调色彩，一个是确定密度厚薄，这绝对不能依靠机器设定流程，按一下按钮就万事大吉。比如顾客拍了一个黄色的旗子，机器和它内设标准比较，认为偏红，它会自动校正成绿色。扩印员必须自己判断色彩，给机器输入指令。再比如说，逆光拍出来的照片脸是黑的，背景是亮的，如果想让脸部增亮，扩印员冲洗照片时就得加曝光。

“展望”的一位老顾客有一次和顾小棣聊天：“我们家附近开了个扩印店，我图省事儿，就去那儿洗照片。洗完一看，色彩还不如我 10 年前在‘展望’洗得好。所以又舍近求远到这儿来了。”

普通人在“展望”的洗相感受，正如其 1984 年开始在山西电视台、《太原日报》《山西广播电视报》刊播过的那条脍炙人口的广告：“您只需按快门，其余由我们来做。”

然而，按动快门的时代，很快被数字时代取而代之了。在数字技术突飞猛进的汹涌大潮中，胶卷与我们的生活渐行渐远，直至消失在记忆里。

2015 年，顾小棣的儿子喜得贵子，他也从 28 岁当展望图片社经理的青春年华步入人生的一个新里程，幸福地荣升为爷爷。同一年，展望图片社因为道路改造等诸多原因，悄然谢幕，和这个城市道别。

足金首饰、力士香皂、长筒袜、电子手表、化纤面料布头，这些听上去不太相干的物件，在上世纪 80 年代的人听起来，马上会想到同一个地名——中英街。人们觉得来自这条巷子的商品很“港气”。近些年，去香港越来越容易，中英街渐渐被遗忘，只有这枚金项坠，还记录着中英街曾经的辉煌。

实物提供：韩清莲

# 港气金坠子

讲述：韩清莲

采访：黄　珊

这个项链坠很小巧，长度差不多有 1.5 厘米，拿现在的审美眼光看，并不觉得有什么特殊之处。但在当年，这可是件令人羡慕的饰品，是在深圳中英街买的。那时候的中英街可不得了。

中英街是一条长不足 500 米、宽不到 7 米的小街。19 世纪末，英国殖民者强行租借九龙半岛地区，沿小河设立了碑界，东侧为华界沙头角，西侧为英界沙头角。于是，这条干涸的河道在两边居民的往来中逐

中英街街景　孙向东提供

渐形成了一条街道，即“中英街”。改革开放初期，中英街丰富的免税商品吸引了大量游客前来购物。据统计，当时平均每天进关的游客数量最少有三四万人，最多达到十万人。

关于中英街，韩清莲有话说。

## 一、一条世界闻名的小巷子

1991 年，韩清莲所在的单位组织职工去深圳培训学习，她很幸运地成为其中一员。除了学习，她还背负着另一项艰巨的任务——购物。听说韩清莲要去深圳，同事和朋友都托她捎东西。要买的东西太多，得专门拿个本子一一记下。去深圳之前，她办好了边境通行证，并把钱小心地缝进了内衣口袋，那可是 12000 元的巨款啊。韩女士当时的月工资是 95 元。那时 100 元面值的人民币发行没几年，流通货币以 10 元为主，12000 元真是沉甸甸的。

1991 年 4 月底，韩清莲坐上了飞往深圳的航班。这是她第一次坐飞机，飞行途中，漂亮的空姐给乘客每人发了一个餐盒，里面都是真空包装的、极其精美的小点心。吃是肯定没吃过，甚至见都未曾见过。同行的同事左看右看，感叹：竟然还有这么漂亮的点心！

那个年代没什么好吃的，大人出差总会给孩子们带回些稀罕东西，尤其是食物。这么精美的小点心，同事都舍不得吃，要给孩子带回去。这次的学习时间是 15 天，小点心即便真空包装，怕也放不了那么久。不知道他们最后是不是把点心如愿带给了孩子。

当时的深圳还处于大规模建设当中，像个大工地，没有太多的高楼，最高的建筑就是国贸大厦，大巴车所过之处尘土飞扬。那里的食物种类多，而且不需要粮票就能买到。培训学校的生活紧张而愉快，每天中午的食堂伙食特别好。在那里韩清莲吃到了许多以前从未吃过的美食。

当年进深圳特区要办边境通行证，东部沿海的沙头角镇中英街是特区里的特区，去之前需要再办一张由广东省公安局签发的“前往边防禁区特许通行证”，每人10元。周末，学校把提前办好的特许证发到了大家手里，星期天一大早，学校派面包车把大家送到了中英街。

一条狭窄的小巷子，却闻名世界。当时巷子一侧属于中方，另一侧属于英方，街那边不能随便过去，如果被发现会被没收所购买的东西。开始的时候，大家都老老实实在这边转悠，看到别人时不时地溜到对面去，韩清莲和同事感觉既紧张又新奇，后来趁没人注意，她也鼓起勇气溜到那边去了。

同事和朋友托韩清莲捎的东西大部分都是金饰。当时深圳这边的金饰价是每克90块，对面店铺里每克才60多块，便宜很多。金店一家挨着一家，一进去四处都是金灿灿的饰品，看得人眼花缭乱。韩女士那次给两位好朋友捎的都是项链、耳环、戒指三件套，那是给儿子娶媳妇用的。她自己买了条项链，还有这个金坠子。买回家也舍不得戴，等到舍得了，也不时兴了，所以现在看起来仍然跟新的差不多。

逛金店的游客大多背着大包或拖着行李箱，等排队轮到自己的时候，根本不问价格，直接拿出清单说：“给我来5条水波链、5个戒指、5对耳环。”这样的顾客比比皆是，好像买东西不用花钱一样。

## 二、一碗念念不忘的馄饨米线

那次在中英街，韩清莲还买了不少按打卖的长筒袜和平时见不到的力士香皂、花王洗发水。不知不觉四个小时过去，中午吃饭时间到了。找到一家小小的却也干净的馄饨馆，韩清莲清楚地记得一碗馄饨米线居然7块钱，实在太贵了。当时太原一碗炸酱面5毛钱，一碗过油肉炒面也不过1块5毛钱。她来回转了好几圈，也没找到更便宜的饭菜，最后还是狠狠心，返回馄饨店里买了一碗。味道是真好，不过，因为贵，这碗馄饨米线的味道让她至今难忘。

下午三四点钟，韩清莲从中英街出来，看到街边到处是席地而坐的人，守着大包小包，等待还没逛够的同伴。那里也是购物者的信息交流中心，总有人发现漏掉了什么，赶紧再回去买，反复折返，不到实在拿不动，不舍得离开。韩清莲看到同伴买了一件白色绣花衬衫，非常精致漂亮，就又返回中英街继续逛，好容易找到卖这款白衬衫的商店，也顾不上搞价，花 38 块买下了。一看表，距离约定集合的时间还差半个小时，这么宝贵的时间可不能浪费，她一边往出口走，一边快速扫描着路边店铺里的衣服，马上就到出口时，又为自己挑了一条百褶裙：米白色底，棕色和墨绿混合花纹，靠近腰部处的褶子比较稀疏，到胯部逐渐细密，穿上显得人很苗条。这条裙子的色彩、款式很雅致，又好打理，她特别喜欢，穿了很久。前些时候，女儿帮她收拾衣服，看到这条裙子，惊讶地说：现在又时兴百褶裙了，我借上穿穿吧。

1991 年，韩清莲花 35 元在中英街买的百褶裙　韩清莲提供

1991 年，韩清莲花 38 元在中英街买的涤纶绣花衬衣　韩清莲提供

这次深圳之行，任务圆满完成。尤其是捎回来的一种女式化纤面料的上衣——港衫，让大家产生了浓厚的兴趣。港衫挺括，不起皱，色彩图案夸张艳丽，大尖领，扣子亮闪闪，28 元一件。大家都抢着要，异口同声地说："中英街的货就是洋气。"

1997 年香港回归，中英街香港窗口的功能逐渐弱化，失去了购物天堂的魅力。2003 年，香港全面开放自由行，游客可以直接过港购物。如今，深圳沙头角、文锦渡、罗湖、福田等陆上口岸相继开通，赴港越发容易，而中英街地理位置偏僻，商业吸引力不断下降。据统计，2017 年最冷清时，一天的游客不足百人，可谓门庭冷落。

2017 年秋天，韩清莲在老伴和两个女儿的陪同下，再次来到深圳。再见深圳，已经没有了当年那种新奇的感觉，所有城市都是高楼林立，商场里的商品也大同小异。韩女士没有去中英街，就近选了一家商场，买了一双其乐牌女士休闲鞋，花了 1500 多块。她说："那也没像当年花 7 块钱吃一碗馄饨那么心疼。"

“布拉吉”这三个字，浓缩了一代中国人在天安门广场国庆游行、载歌载舞的青春。上世纪 50 年代，正值中苏“蜜月期”，印着大花的布拉吉，地道的舌颤音都是那个时期的流行标配。压在箱底几十年的布拉吉，随着改革开放的进程，得以解冻。

实物提供：薛力

# 布拉吉

讲述：薛　力

采访：黄海波

印度绸仍然柔软，灰调的米色底紫色大花非常高雅，是当代时尚圣经《格调》所推崇的低浓度色彩，小泡泡袖，适度收腰。这样一条连衣裙，在60年后的今天，仍然散发着女性的柔美光芒。

薛力说："我把它作为家庭文物保存着。父亲就我一个女儿，在我上大学之前送了珍贵的礼物，一块手表、两件连衣裙，等我到了北京，我们父女俩一起去王府井买了红色的羊毛开衫。我穿着裙子，在北京度过了快乐的四年大学生活。改革开放后，女儿们又穿起了姥爷给买的连衣裙。它像一条纽带，把三代人的情意连在一起。"

## 一、考上大学，父亲为她准备了礼物

1955年，薛力从太原女子师范学校毕业，被分配到太原市文教办公室。还没等她正式进入工作状态，国家就提出了"向科学进军"的口号，薛力被鼓舞着，报考了北京师范大学，被教育专业录取，成为一名"未来的人类灵魂工程师"。

得知女儿考上大学的消息，父亲专程从北京赶回太原。薛力说："父亲在太原铁路局工作，当时被借调到中国铁道部两三年了，讲授计划、统计和财务业务。”

薛力的父亲在北京大栅栏妇女服装店买了这条印度绸连衣裙，裙子质地非常柔软，非常高级，很贵，22块1毛。父亲还托人从天津为她买了一块手表，铁托斯牌的，花了151块。当时还没有时兴梅花表，时兴的是大英格、小英格，太紧俏，买不上。父亲就给她买了这块男式铁托斯，她戴了20多年。

“这块手表的价格比我父亲一个月的工资还高。当时一般工人一个月的工资也就30块左右，我父亲一个月能挣130多块，但是要养活妻子和四个孩子。”看到裙子和手表，薛力会格外想念父亲，父亲平时很严厉，但是默默地给家庭做了好多事情。

裙子一买回来，就被薛力在市政府工作的同学借走了，“罗马尼亚云雀歌舞团来太原，她参与了接待工作。”倒是薛力自己没好意思穿，“当时太原没人穿裙子。”

在北京师范大学读书的少女　薛力提供

到了北京师范大学，这条裙子真正派上了用场。

刚去学校没多久，赶上1956年中华人民共和国成立七周年庆典，薛力加入北师大游行队伍，身着连衣裙，小辫子上扎着粉色蝴蝶结，黑皮鞋，白袜子。在《歌唱祖国》的乐曲声中，游行队伍精神抖擞地通过天安门广场。当天晚上，学校又组织她们参加天安门广场的联欢活动，跳舞、唱歌。

那是她在大学期间最快乐的

时刻，至今难以忘怀，“早上天没亮从学校出发。国庆节天气凉了，女生都在连衣裙外面套了毛衣。我穿了一件红色细羊毛毛衣，也是父亲给我买的。”得知女儿要参加国庆游行，父亲说：“天冷了，你要参加国庆活动，给你买件毛衣套上。”父女俩一起逛了王府井，父亲看中了这件，二十八九块钱，很贵，但是父亲觉得她穿着漂亮，就买了。

1959年赶上国庆十周年大型庆典，她被选中加入花篮队。游行开始前，和同学们一起在劳动人民文化宫东边的胡同等着。她记得大家都穿着自己最漂亮的花裙子，那是节日盛装，非常隆重。不过脸上什么都没有，没擦粉，没有涂口红，完全的素颜。“十年庆典，邀请了不少外宾，有人提意见，说花束队的女孩儿们怎么脸上什么都没有，没有化妆，也没有香气，不合适。很快来了一个人，拿着喷壶，给每个人喷了一下，我们就变得香喷喷的了。又来了几位女同志，拿着口红、胭脂，给我们涂抹了一番。这是我平生第一次化妆。”

游行结束，她们没有回学校，而是步行到北师大辅仁校区，吃了饭，休息了一会儿，四点多重新回到广场，参加当天晚上的联欢活动。傍晚时分，音乐响起，薛力和同学们开始跳集体舞。跳舞的多数是大学生，还有少数是机关干部。整个广场欢声笑语，非常热闹。

穿着这条连衣裙，薛力参加了四次国庆游行，两次五一游行。60年过去了，薛力记得其中的每一个细节：“有一次国庆游行正赶上下雨，学校给我们煮了姜汤，派车送到广场，特别温暖。”回忆起这一幕，青春的光彩又回到薛力的脸上。

上世纪50年代，女同志穿裙子很普遍。到处都张贴着“向苏联学习”的标语，非常响亮，女同志穿花布做的“布拉吉”（俄语“连衣裙”的意思），男同志也都纷纷去买苏联花布，做成上衣。薛力在读大学期间，经常穿的就是一条棉布质地的小红花布拉吉，她说：“我知道这件印度绸裙子高档，一般不穿。棉布这件也是父亲同时买的，镶了白领子、白袖口，很好看，我平时穿这件的时候多。”

“上体育课要穿运动短裤。那时候学习苏联的劳动卫国制，大学生至少要达到体育一等成绩。我的 100 米成绩怎么也达不了标，两位跑得最快的男同学左一个右一个带着我，这才跑下来。当时的口号是‘要为祖国健康工作 50 年’。”在北师大度过的青春，一切都很美好。

## 二、把布拉吉藏起来

1960 年，薛力大学毕业，被分配到郑州师范学院。和她一起在郑州工作的年轻教师来自全国各地的高校，有中山大学、武汉大学、华东师大，风气轻松自由。年轻的女教师普遍穿裙子，薛力的印度绸布拉吉继续点缀着她的青春岁月。

1962 年暑假，薛力回太原探亲。当时她刚在郑州烫了头发，穿着印度绸布拉吉，到爱人工作的新建路小学找他。一走进校园，就引起轰动，老师们纷纷惊叹：咱们校长的爱人打扮得这么漂亮！薛力这才注意到，在太原，像她这样二十七八岁的女同志已经不穿裙子了。

1964 年，她正式调回太原，进了教育厅机关，看到女同事们打扮得更严肃了，很少穿裙子，个别人偶尔才会穿一条蓝裙子。在整座省政府大院，基本上看不到花裙子，她也就没再穿过。在有了第一个女儿之后，薛力把镶了白领子的棉布连衣裙一绞两截，给女儿做了一件小上衣，一条小裙子。

再往后，担心被人批“封资修”，担心被人发现这条裙子之后给绞了、烧了，甚至给全家人带来灾难，薛力偷偷把印度绸布拉吉藏了起来。在接下来的十几年里，她和绝大多数中国人一样，只穿蓝的灰的衣服，再也不去想烫头发、花衣服、布拉吉的事了。

她的名字也由曾经的薛丽改为没有性别特征的薛力。

## 三、穿上裙子去美国

改革开放后，薛力的三个女儿陆续考上大学。1981 年，大女儿上大学以后，在家收拾东西，发现了这条裙子，惊叹道："妈妈还有这么漂亮的衣服！"她穿着裙子到了学校，同学们都很羡慕，还有人穿着去照相。1984 年，二女儿考上了山西财经学院，也穿过这条裙子。

1986 年，薛力参加由山西省教育厅组织的第二次中美学术交流会。出国前参加集训时，有人提醒大家，出国以后女同志不要总穿长裤。领到 300 块钱置装费，她赶紧到桃园四巷做了一身蓝灰色麻纱套裙，还有一条黑色的丝绒半裙。到了美国之后，得体的衣着为她带来很大的自信。

1986 年，在美国访问（右五为薛力） 薛力提供

回国之后，穿裙子的机会并不多。"现在年纪大了，腿不太好，就更不穿裙子了。"薛力惆怅地说，"一辈子我就穿过父亲给买的两条连衣裙。"

在我的衣橱中，牛仔裤绝对是一大亮点，数量多、种类多、颜色多。从 17 岁穿上平生第一条牛仔裤，二十多年来，牛仔裤成为我日常穿搭必不可少的单品。牛仔裤自问世以来，流行了一百多年，很难再找到第二样东西能像这样经久不衰地流行着。它赋予我更多的自在、自信与自由。

实物提供：黄珊

# 第N条牛仔裤

讲述：黄　珊

19世纪70年代，住在加州的德裔美国人李维斯·斯特劳斯为淘金的工人发明了一种结实耐穿的帆布裤，并在后袋上钉上铜铆钉。他为自己的发明申请了专利，世界上第一条真正意义的牛仔裤诞生了。

1980年，改革开放后的第一部吻戏《庐山恋》上映。女主角张瑜的照片登在当年5月的《大众电影》封面上。她一脸灿烂的笑容，穿着牛仔裤，红白格子衬衫，帅气逼人。周围的叔叔阿姨们都感叹说："看人家，能把劳动布裤子穿得这么好看！"

张瑜穿着牛仔裤的照片　黄珊提供

1988年，我上高中，买下平生第一条牛仔裤。

## 一、到海子边去，买牛仔裤去

1988 年秋天，约了好朋友一起逛太原海子边市场。海子边是太原售卖时髦货的一条巷子，麻纱印花连衣裙、大青果领呢子大衣、有机玻璃发夹、旅游鞋，时髦物件应有尽有，大多是从广东、福建进的货。

那段时间海子边的老板们卖的牛仔裤都是小脚裤，有着深浅不一的纵向纹路，人们管它叫“牛筋裤”。人们买回家后还会找一截松紧带，缝在裤脚的两边，给裤子加个“踩蹬”，穿起来能让裤腿笔直。当时我正处在青春期，不爱随大流，一眼就相中了直筒牛仔裤。

年纪小，胆子也小，也不会搞价，人家说 35 块，竟一分不少地将手里的钱连零带整地给到商家手里。当时妈妈的工资还不到 100 块，我每个月的零花钱也就 5 块钱。

店员是个女孩子，二十出头，上下打量了我，从一堆塑料袋里拎出一条牛仔裤递给我，然后从墙角拉出一块布帘稍作遮挡，我就坐在布帘后面的凳子上试裤子。费了很大劲儿才把自己装进去，站在衣镜前，看到裤子把腰、臀、大腿裹得紧紧的，我第一次清楚地意识到自己的性别。

开学后穿着这条牛仔裤，上身配海蓝色短夹克，走路时把手插在裤兜里，美得不行。我是全校第一个穿紧身牛仔裤的学生。高三的一位男生还用他家的相机偷偷给我拍了照片，让他们班的女生送给我。可惜照片已经找不到了。

那个年头爱穿牛仔裤的人，总是有些特立独行。我长着一张鹅蛋脸，剪着整齐的刘海，看上去很淑女，其实内心十分叛逆。遇到不喜欢的老师上课会逃课，偷偷跑到学校附近的音像店里听歌，第二节课再跑回去。牛仔裤那种天然的自由不羁一下子征服了我。

穿着这条裤子美了没几天，就被妈妈没收了，“看看街上什么人才穿这样的裤子？都是些二流子！”裤子被束之高阁，但穿着牛仔裤时那种自信、无拘无束而又率性的感觉，让我深深爱上了它。

那时候太原卖牛仔裤的地方不多，五一大楼、解放大楼、合作大楼这样正经百货大楼肯定是不卖的，只能去海子边这样的自由市场碰运气。有的老板从广州进货，号称外贸货，成色却与真正的出口货大相径庭，纱支粗，织得松，裤子洗上两次就没型了。有时候也会遇上款式极为特别、做工精细到令人瞠目的极品外单。我就买过一条很薄很合身的直筒裤，穿到北京走在路上被人夸“这裤子型真好”。

继海子边之后，坝陵桥的自由市场也渐渐成了规模，同样以卖外贸货著称。直到上世纪 90 年代，我和妈妈以及两个姐姐还常常一起逛自由市场，一家一家挨着逛，在满大街廉价的流行服饰中寻找漏网的真正的外贸牛仔裤。当时没有品牌意识，过了很多年，在洗衣服时无意中发现，当年几十块钱淘来的外贸牛仔裤里，居然有 LEVIS 和 LEE。

从上世纪 80 年代中期就开始从事外贸工作的李晓凤说：“我的第一条牛仔裤是在北京大栅栏一家商店买的，不是妇女儿童商店，是一个胡同里开的私人门面。老板一个劲儿地说‘501，501，501’，我根本没反应过来。过了好几年才明白，他说的原来是大名鼎鼎的‘LEVIS 501’。”她家条件好，能看上内部电影，早就注意到西部片里的牛仔和他们心爱的女人，一人一条蓝裤子，看上去腿特别长，屁股特别翘。穿上“501”，她终于找到了这种感觉。

## 二、童叟无欺，老少咸宜

2003 年，妈妈从单位退休。这件事有两个标志，一是妈妈不再染头发，很快成了风度十足的银发老奶奶；二是穿起了牛仔裤。

我穿第一条牛仔裤时，妈妈反对的理由是“看着像二流子”，她的言外之意是，哪有正经女孩子的裤子是前开扣的！

现在大家看到的男裤女裤区别很小，可能女裤紧身款式多一些，男裤宽松一些，不过也有男友风牛仔裤，不强调性别，自有一种潇洒。但在我成长的过程中，爸爸的裤子和妈妈的裤子是截然不同的：男裤前开扣，女裤侧开扣。即使是小女孩，也不能穿前开扣的裤子，小时候穿的是松紧带裤子，没开扣，长大就是侧开扣，无一例外。

1934年，LEVIS推出第一条女士牛仔裤时，也是侧开扣的。20年后，女式牛仔裤的拉链才从侧缝移到了中间。

妈妈年轻时，裤子都是自己照着"成人女裤"的纸样裁了，自己用缝纫机轧好，面料多是中长纤维的，结实，挺括。上世纪80年代经济条件好转，妈妈就经常到华泰厚或者红都买料子，回来自己做。1995年，我开了一个小店，就交给我做。全家从夏天的薄毛料裤到冬天的厚呢子裤，一应俱全。那时候裁缝店有了一个洋气的名字——XX制衣。

退休以后，妈妈禁不住我们姐妹三人的撺掇，鼓足勇气试了一回牛仔裤，嫌硬。后来我们不经她同意，从柳巷的"万事发"买了一条宽松的直筒裤回来，妈妈本着绝不能浪费的原则无奈地穿上了这条前开扣的牛仔裤。

从此，我们家衣柜里的那些毛料裤子再无人问津。

又过了几年，在妈妈的"威胁恐吓"下，爸爸也穿上了牛仔裤。

每次回家看望爸爸妈妈，推开阳台门，看到晾衣杆上一条条颇有分量的牛仔裤，我就能感受到他们生活的轻松、自在。

据说，35.4%的中国人全天候穿牛仔裤，有时穿的占56.5%，很少穿的只占8.1%。牛仔裤好打理，扔进洗衣机随便甩，烘干也没问题，穿之前无需熨烫，穿出去不怕皱。牛仔裤还百搭，吊带背心、T恤、衬衫、西装、风雨衣，和牛仔裤都是天然好搭档。旅游时能穿，上班也完全可以驾驭；加上亮片配一条漂亮的腰带，参加晚宴也没问题。

现在爸妈出门旅行、探亲，行李箱里最先放进去的，准是一条牛仔裤。

### 三、千面牛仔裤

朋友移民加拿大，孩子今年大学毕业，奶奶不远万里从太原赶去参加典礼，之后在家里住了几天。中国老人走哪儿都勤快，他家洗衣服做饭的活儿一夜之间就被奶奶承包了。有天早上，孩子一进客厅，奶奶拿着洗净烘干的牛仔裤走过来："看看你的裤子咋样。"奶奶指引着孙女的视线。这是一条七分裤，大腿部位有设计师精心设计的一个含蓄温柔的小小破洞，奶奶拿出晴雯夜补孔雀裘的架势，一晚上就把破洞织补好了，天衣无缝。

我为这个破洞已经抗争了整整 20 年。1998 年出差到上海，在新世界百货看到一条白色的、做旧的、腿上有破洞的牛仔裤，"5th STREET JEANS"，美国的牛仔裤品牌，价格着实不低，560 块。因为实在喜欢，在商场里来来回回转了好几圈，最后还是下决心买了回来。这是我的第一条品牌牛仔裤。当时太原的市场上，牛仔裤还没出现破洞、猫须这些元素，穿着这条裤子走在大街上，赚足了回头率。当时穿着它去唱卡

上世纪 90 年代末，穿上了破洞牛仔裤　黄珊提供

拉 OK，最爱点的歌是黄家驹的《海阔天空》。

20 年来，无论“像捡破烂儿的”的讽刺，还是“当心冻坏膝盖”的警告，都不能击退我对破洞所代表的“非主流”“我行我素”的追求，但这次朋友女儿的遭遇让我笑趴了。

买牛仔裤的商店从海子边转到了百货大楼，又转到了购物中心，现在转到了网店、微店。买第一条牛仔裤，我攒了 7 个月的零花钱。2002 年以后，托中国加入 WTO 的福，成衣价格直线下降，35 元就能买一条牛仔裤，而且是像模像样的品牌牛仔裤。当然，足够土豪也可以挥霍几万块买一条设计款。

牛仔裤流行了一百多年，很难再找到第二样东西能这样经久不衰地流行了。数数我衣橱中的长裤，十有八九都是牛仔裤。高腰的、低腰的，深色的、浅色的，喇叭的、紧腿的，超长的、九分的、八分的……今年夏天又新增一条，面料是李维斯绝对想象不到的高科技——自然做旧的天丝，垂感十足却不易皱，直筒、高腰，和我的第一条牛仔裤高度神似。时尚三十年一轮回，转着转着又回来了。

## 享受娱乐

一张发黄的光碟，一把褪色的吉他，都是岁月留下的秘密文件。它向我们展示的，是社会生活的横断面。化石一样的纹路，仿佛横陈在岩石中的巨大谜语。仔细的翻阅，严密的考证，认真的阐释，都无法复原当时的情境——有些东西一去不复返了。

每一个有关娱乐的物件，都是一个神秘的隐喻。它是对庸常现实的挑战，蕴含着对美好生活的向往和追求。

门票、歌词本，和手风琴、红棉吉他一起，记录了那个时代的躁动和狂热。

这是电影《少林寺》的海报。1982 年，李连杰主演的《少林寺》引起巨大轰动，最高票价竟炒到 10 块钱，整整翻了 100 倍。《少林寺》以当年 1 毛一张的票价，创下了 1.6 亿的票房，观影人数达 5 亿人次。迄今，它都是一代人抹不去的观影记忆。

图片来源：网络

# 天堂电影院

讲述：王映东

1992年6月初，我得到一个去北京出差的机会，正好赶上北展剧场举办意大利电影周，集中展映十几部意大利影片。我最想看的是1990年奥斯卡最佳外语片《天堂电影院》。售票处早就关门了，靠一张黄牛票我才进了电影院。影片讲述了意大利南部小镇一个爱看电影的小男孩多多的成长故事。多年过去了，初闻不识曲中意，再听已是曲中人，我就像电影里的多多，从一个男孩，到青年，再到中年，人生遭遇了大大小小无数的事情，但热爱电影的初心一直不改。

《天堂电影院》海报　王映东提供

## 一、反特电影、外国电影和内部电影

上世纪70年代人们的娱乐方式不多，看电影是家庭娱乐的重要方式，看一场电影前前后后能兴奋很久。

看电影的仪式感要远远大于电影本身。父母早早安排孩子们吃过晚饭，换上好看的衣服，收拾齐整，前往电影院。因为家里兄弟多而电影票有限，父母每次带谁去就要看谁近期的表现好，倒霉蛋儿只能被留在家里看门。

那时的电影院里常常座无虚席。影院里放映的除了8个样板戏拍成的舞台片，就是我们小孩子最喜欢的打仗片了，有抗日战争题材的《地道战》《地雷战》《小兵张嘎》《平原游击队》《铁道游击队》，有解放战争题材的《南征北战》《狼牙山五壮士》《智取华山》《红日》，有抗美援朝题材的《英雄儿女》《打击侵略者》《奇袭》《上甘岭》……电影里的人物分为好人和坏人，红军、八路军、新四军、解放军、志愿军和共产党当然是好人，鬼子、国民党、土匪、特务、汉奸都是坏蛋。

可是国外的片子就没那么容易分清好人和坏人了，每当人物一出场，我们就要问大人："好人坏人？"有时候把大人问烦了，大人就会敷衍："自己看！"

那时电影院演正片之前一般都有加演，《新闻简报》是领导人接见外宾，《祖国新貌》和《祖国各地》反映祖国各地及各条战线的建设成就、风光和新风尚，有时候还会播放《口腔卫生》《除四害》之类的科教片。

我特别喜欢看反特片，比如《永不消逝的电波》《英雄虎胆》《羊城暗哨》《东港谍影》，这些影片除了有烧脑的侦查破案过程、环环相扣的情节，还都有一个漂亮迷人的女特务，标配是披肩卷发、红唇、船形帽、黄呢子军大衣、斜挎的小手枪。她们说话柔声细气，S形身材走起路来腰肢扭动，摇曳生姿。这些年轻美貌、风流性感的女特务应该就是那个时代爱情和性的启蒙者了。

上世纪 70 年代的进口片多来自朝鲜、阿尔巴尼亚、罗马尼亚、南斯拉夫等社会主义国家。当时流行一句话："中国电影新闻简报，越南电影飞机大炮，阿尔巴尼亚电影搂搂抱抱，罗马尼亚电影莫名其妙，朝鲜电影哭哭笑笑。"很形象地概括了那一时期进口片的特点。1977 年，南斯拉夫电影以紧张的节奏、火爆的情节给国人带来了一种全新的感觉，最著名的有《桥》和《瓦尔特保卫萨拉热窝》。当时，人人传唱"啊——朋友再见"，半大孩子纷纷比画起"瓦尔特拳"——男主角瓦尔特打的一种特狠的掏心拳。

在姜文的电影《阳光灿烂的日子》中有这样一段情节：一群孩子趁着天黑偷偷混进电影院去看内参片，结果被现场的大人们发现，全部被撵了出去。内参片说白了就是不公映的内部参考片，太原人叫内部电影，沾点黄色和暴力的最受欢迎。人们各显其能，找各种关系渠道，谁要是能弄到内部票，就说明这个人非常有路子。

我刚上初中那一年，爸爸带回两张省电影公司的内部电影票，说是会上发的。电影是日本的《望乡》和英国的《红菱艳》。爸爸妈妈嘀嘀咕咕了好一阵，好像是妈妈不愿带我去，怕有不适合小孩看的镜头，爸爸说没事，有咱俩把关，应该让孩子见识见识。最终爸爸妈妈还是带我去了。到了电影公司门口，只见里三层外三层，围着好多等退票的人，我故意把票拿在手上，有点嘚瑟地带着优越感进去了。果然是内部电影，有少量的接吻戏和一闪而过的女性裸体镜头。在当时，这对一个十几岁的懵懂少年还是挺震撼的。

## 二、我进过的和正在消失的电影院

那时太原的电影院可真多，商业区有，居民区有，厂矿有，名字有的叫电影院，有的叫文化宫，有的叫工人俱乐部。先从当时的南城区数，我去过的有人民电影院、宽银幕电影院、山大剧院、长风剧院、大中剧院、和平剧院、红旗剧院、湖滨会堂、并州剧院、公安礼堂、工人文化宫（南宫）、迎泽剧场、中北电影院，听说但没去过的有东安剧院、大华剧院、邮电俱乐部、公路俱乐部、铁三局文化宫、九仙艺苑；再数北城区，我去过的有解放电影院、五一电影院、七一礼堂、军人俱乐部、新建路礼堂、青年宫演艺中心、太铁俱乐部、星火俱乐部，听说但没去过的有机车俱乐部、矿机俱乐部、建筑工人俱乐部、北宫、十三冶俱乐部、太钢工人俱乐部、耐火俱乐部、迎新街俱乐部；河西区离家较远，我大都没有去过，知道的有西山俱乐部、下元电影院、红星电影院、义井电影院、三益俱乐部、西宫、晋机工人文化宫。

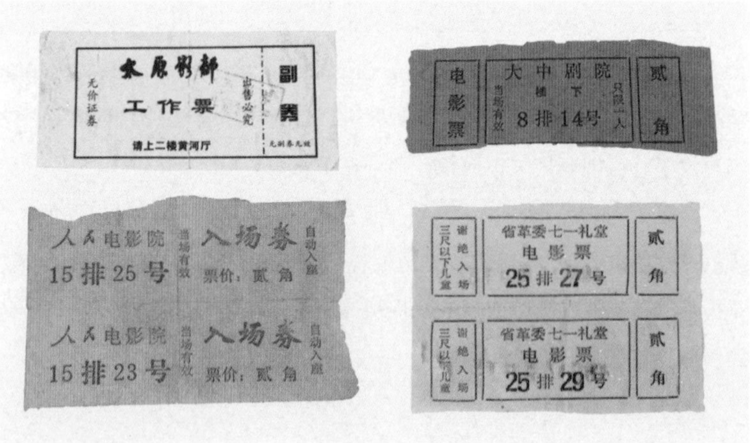


电影票　李克明提供

1971 年，妈妈带着姐妹俩在宽银幕电影院前 许小丽提供

单位的职工俱乐部是职工文化生活的重要场所。父亲所在的厂子就有个大大的灯光球场和职工俱乐部，那里几乎包办了我童年的所有电影。

露天电影是那个年代人们的集体记忆。一听说晚上有电影，大人小孩就像过节一样兴奋，互相转告，然后早早地就提溜着马扎、板凳占个好地儿。夏日的夜晚，能坐在凉风习习的灯光球场里看一场露天电影很是惬意。

正面没地儿了，银幕背面也能凑合着看。银幕被风一吹，一鼓一鼓的，如果坐的位置偏，银幕里的影像也随之变形。露天放映最怕遇上雷雨天，人们正在兴致勃勃地欣赏电影故事，忽然风雨大作，场地一下子就混乱起来，观众都被淋成了落汤鸡，但没人舍得离场。

多数电影在俱乐部放映。那是一座苏式建筑，外观是拱形的，里面很大，分楼上楼下两层，至少能容纳上千人。

放电影得先有拷贝。那时候市内各电影院都同时放映同一部电影，而拷贝有限，所以电影院有专门负责跑片的，他们骑着自行车或是摩托车飞驰在各个电影院之间，按排好的场期把拷贝送到各家电影院，一家挨一家。有时难免耽误一会儿，这时候电影就断片了，场内一片漆黑，故事片变成了幻灯片——“影片未到”，场内顿时口哨声、喝倒彩声乱成一片。偶尔，灯会亮起来，那就意味着要等好一会儿了。电影结束时，人们纷纷站起来，能翻转的木板硬座发出噼噼啪啪的撞击声。

厂俱乐部除了放映电影，还唱大戏。看《十五贯》时，我偷偷溜进后台，竟然看到刚刚在台上杀了肉铺老板尤葫芦的地痞娄阿鼠正在给尤葫芦递烟对火。原来尤葫芦没死，他正和娄阿鼠在后台抽烟聊天。瞬间，我觉得这个戏是骗人的，联想到电影里的那些镜头，我忽然有了一种不真实的感觉。

### 三、电影起起伏伏 40 年

1982 年，中国电影业迎来第一个引爆点。李连杰主演的《少林寺》引发巨大轰动，最高票价竟然炒到 10 元钱，整整翻了 100 倍。《少林寺》以当年 1 毛钱一张的票价，居然创下了 1.6 亿的票房纪录，观影人数达 5 亿人次，至今没有被打破。这部电影热映后掀起一股少林寺热、学武练武热。我们学校就有一位男生迷上了练武，离家出走，到少林寺拜师学艺，后来被家长和警察带了回来。

印度电影《流浪者》《大篷车》热映之时，《拉兹之歌》响遍全国的大街小巷，人人都会哼唱“阿巴拉古”。日本电影《追捕》让中国人第一次认识了高仓健，硬汉小生开始当道——杜丘的风衣、真由美的喇叭裤都引领了时尚。

1987 年，由张艺谋导演，姜文、巩俐主演的《红高粱》为中国电影夺得了第一个世界冠军级大奖——柏林国际电影节金熊奖。国内还没公映前，电影公司提前上映，大家为能先睹为快，争相通过各种关系找票。多年以后我们才意识到，这仅仅是“第五代导演”放出的第一颗信号弹。

《霹雳舞》剧照　暴丽华提供

同年，美国电影《霹雳舞》在宽银幕连放了三个月，依旧一票难求，掀起了霹雳舞热潮。

1990 年，台湾电影《妈妈再爱我一次》在大陆热映。事隔多年，影片的具体情节已经记不清了，但观影时周围的情形却历历在目，只听得一片抽泣声，女生们拿出小手帕，不停地擦眼泪。电影散场时，每个人的眼睛都红红的。又一首歌流行了，那就是“世上只有妈妈好，有妈的孩子像块宝……”连扮演妈妈的杨贵媚穿的红毛衣都成了当年的爆款。

上世纪 80 年代后期，各种文体娱乐活动兴起，中国电影业陷入困境，电影院为了生存开始寻找出路。父亲厂里的俱乐部被拆掉了，盖起了职工宿舍。五一电影院改成雅典歌剧院，后来又卖起牛排；新建路礼堂从山西证券营业厅变成羽毛球馆，现在则是唐府大酒店；三益俱乐部变成了金伯爵婚礼酒店；红旗剧场成了“一尊皇牛”……东安剧院、和平剧院、中北影城相继被拆，连遗迹都荡然无存。

消失中的“七一礼堂” 王映东提供

2018年4月，位于解放北路80号的省府礼堂也被拆了。该礼堂建于上世纪70年代，因系省委属地，取名“七一礼堂”，由著名书法家段云先生题写堂名，后改名省府礼堂。在拆除的过程中，不少影迷带着相机到礼堂门前留影，纪念这座曾为无数人留下难忘时光的老建筑。这一幕让人想起《天堂电影院》中电影院轰然倒塌，多多站在人群中哭泣的场景。

每次听到电影院被拆除的消息，我都会格外难过，因为它不仅意味着城市失去了一段记忆，更意味着很多家庭的甜蜜回忆也永远飘零空中。

四、电影新生

进入新世纪，电影院又重新热闹起来。在我居住的小区，方圆不到一公里，就有中影、横店、金逸和博纳四个全国院线。人们逛完商场，吃饱喝足，可以走进豪华影城，捧着爆米花，享受现代光影科技带来的视觉冲击。如今太原已经拥有三块IMAX巨幕，我再也不用坐上动车去北京看大片了。

一眨眼，我们不可阻挡地长大了。如今，多多们已步入中老年，我们再也回不去了，但有往事相伴，我感觉很幸福。在《天堂电影院》中，阿尔夫莱多对多多说：“生活并不像电影，生活……更艰难（Life isn't like in the movies. Life ……is much harder）。”但我相信生活中还是有很多美好的事物。世道艰辛，人生多舛，但电影院就是我们阅尽世间百态、忘却失意烦恼的地方，就是人间的天堂。

上世纪 80 年代，东方拥有了第一盘磁带，从此，爱始终没有变过。CD、MP3 等陆续出现。技术的快速更新让他更加珍惜与磁带相伴的有限人生。清晨或者黄昏，把磁带轻轻放进卡座，听着那咝咝转动的声音，仿佛看到青春时光乘着歌声的翅膀翩然而至。

实物提供：东　方

# 磁带纪年

讲述：东　方

采访：黄海波

曾经有一种介质，它能用两孔齿轮转动似水心情，记录无形的音乐。声音可能消失，而伴随它们的记忆却历久弥新——它的名字叫磁带。

从东方拥有第一盘磁带起——1983年，他花3块7毛钱买了常宽的《奔向爱的怀抱》——磁带就在一定意义上定义了他的生活。现在，他成了江湖传说中那个拥有一万盘磁带的人。

## 一、时光刻在磁带上

1978年，东方家里买了一台红灯牌收音机。那时有一个栏目叫“每周一歌”，是风靡全国的好节目，几乎所有著名的歌唱家都在这个节目里出现过。让东方印象深刻的是李光羲，李光羲浑厚悠远、带有磁性的嗓音一下子就把他吸引住了。

1980年，东方家住的宿舍楼里有了一台电视机，今天搬到你家，明天搬到我家，大家跟着电视跑，收看文艺节目。中央电视台播放电视剧《霍元甲》，听到《万里长城永不倒》，东方一下子被震撼了——以前在学校唱的都是《春天在哪里》《让我们荡起双桨》，哟，世界上还有这样的歌。对于东方来说，这首歌就像是打开了一扇窗，他看到了外面五光十色的世界。

时间过得飞快，东方很快就上初中了。有位同学家有一台三洋“半头砖”录音机，以及盒式磁带。三洋“半头砖”是很多中国人接触录音机的开始。放学后，东方就去同学家听。邓丽君、刘文正、徐小凤，天

三洋“半头砖”录音机　李建华提供

下还有这么好听的歌！磁带多是什锦带，很少有专辑，《外婆的澎湖湾》《走在乡间的小路上》《电动玩具》，听个没完。磁带都是从港台带回来的，是原唱而不是翻唱。东方他们经常是三五个人一起听，有时候是十几个人。他们一边听，一边学，把歌词一句一句记下来。过些天发现，歌词并不是记下来的那句话。有一次，歌本上认真地记下“比海参”，大家都纳闷为什么不是“比鱿鱼”，过了几天再听，发现原来是“比海深”。

1983年，家里买了台红灯牌录音机，有6个喇叭，很高级。有了这台录音机，东方开始买磁带。他买的第一盘是常宽的《奔向爱的怀抱》。当时常宽刚刚在东京举行的第16届世界音乐节上以一首原创歌曲《奔向爱的怀抱》荣获“总指挥奖”，成为中国内地流行乐坛中第一位在国

际上获奖的歌手，杂志报纸上都是有关他的报道。“这是我们千挑万选的结果。因为经济拮据，能录的就不会再买。我和同学约好，你买这名歌手的，我买那名歌手的，或者两个人合资购买，这样就可以用最少的钱听到最多的歌。”一个人买了磁带，其他人就用空白带翻录。磁带中有日本进口的TDK 空白带，还有索尼、日立牌的，手头紧的时候就买国产的亚美，两块钱。就这样，东方拥有的磁带越来越丰富了。

《奔向爱的怀抱》磁带封面　东方提供

很快，一大批原版原唱磁带出现了，苏芮、罗大佑、王杰、齐秦、千百惠、叶欢、王杰、潘越云、凤飞飞、龙飘飘、刘文正。东方这才知道自己原来听的多是其他歌手的翻唱。虽然还做不到同步发行，但对东方来说，已经算是开启听歌的新时代了。那段时间，他听到了很多经典歌曲，当然也收藏了很多很多磁带。

《明天会更好》的出现是一个引人注目的音乐事件，东方第一时间就买下了磁带。1985 年春晚，当他听到罗文的《中国梦》时，一下子就被吸引住了。这么好听的歌，当然要买磁带了。听到陈美龄的《归来的燕子》，歌声清丽婉转，东方就到处去找她的磁带。有时候听到一位陌生歌手的歌，他就试着先买一盘听听，然后作出判断，值不值得收藏。高胜美、蔡琴的磁带就是这样买来的。在一次一次的鉴别过程中，东方

《明天会更好》磁带封面 东方提供

的欣赏能力得到了验证，几乎从来没有判断失误过。很多时候，是以前听过翻唱，推测原唱肯定好，要不不会有这么多人跟着唱，所以一定要找原唱来听。

一盘又一盘，盘盘皆珍贵。就这样，东方的收藏慢慢地丰富起来。东方精心保存着这些磁带，像对待宝物一样小心翼翼地看护它们。东方说："爱她久一点，对她好一点。"言语间满是温柔的呵护。

## 二、一盘原版磁带携带的信息是百分百

东方其实是一个挑剔的人。他看磁带的目光很苛刻。他说："一盘磁带是一个完整的东西，要有很好的设计，要有封面有封底，有歌名有歌词。如果只是简单的复制，很多信息就会缺失，如果原版内容是100%，那么复制最多只能得到原物的30%。要追求本质，能买原版，肯定不去买盗版。我也买过很多盗版，A 面没结尾，B 面没开头，5 首歌里面能听 4 首就心满意足了。没办法，因为没有原版可买。"

提到磁带，东方会反复提起文案。他认为文案对一盘磁带来说太重要了。文案别看简单，它的重要性却不能等闲视之。东方说，文案要体现制作磁带的目的，台湾的很多文案就特别好，文学性强，三言两语，像一首凝练的诗。"对我来说，听磁带不仅仅是简单地听歌，我是要综合地吸收。好的歌词，会传递出某种精神，让我感动，引起情绪的爆发。"好的磁带凝聚了许多人的心血，而不好的磁带粗糙、苍白，没有创意，没有精心的修饰。2018 年齐豫·三毛·潘越云"回声"演唱会全国巡演，当初《回声》那盘专辑就非常完美，生命力很强，所以 30 年之后还会让人感动。《回声》是台湾百张专辑里的一张，小小的磁带包含了很多付出，不是信手拈来，在封面上随便摆几朵花拍个照片，而是智慧的结晶。这样的磁带，东方保护得特别好，因为喜欢，所以就备加爱护。

"现在我买一盘磁带，可能要花 200 块钱。买来以后，我就坐下来，小心拆开，看看当时的封面设计，捕捉里面用心良苦的细节。有时候买了磁带并不马上打开，只是静静地欣赏。我还是喜欢拥有磁带，磁带里面有最本质的体现。比如齐秦的精选辑《狼》，收录了不同时期、不同风格的多个版本，已经能满足一般人的需求了；而我要知道，每一个版本是从哪个专辑上选来的，那张专辑除了《狼》还有什么歌曲。我要探求本原性的东西。"东方很认真地叙述他听歌的体验，"听歌，如果简单

地听，就听精选集。对我来说，更喜欢听原本的专辑。专辑包含着很多理念，比如黄莺莺的《雪在烧》，整张专辑就是人性和灵魂。雪怎么可以燃烧，在灵魂的边缘行走？精选集里你只能听到歌本身，看到最初的专辑，才知道它想表达的意象是火一样的女子在雪中飞舞，是一种触及灵魂的东西。”不仅唱歌有专业精神，听歌同样讲究专业精神。你要是听了东方的讲述，就知道同样是听歌，其间的区别大到不可想象。

## 三、我没有移动，是别人后退了一步

小时候是一群小伙伴一起听歌，后来听歌成了一个人的事。随着时间的推移和生活的改善，家家都有了录音机，再也不用东家跑西家窜地听歌了。从初中到高中再到大学，大家各奔前程，一起听歌的机会越来越少了。有人选择了偏离，有人选择了放弃，但东方却选择了坚持。他是这样的人，喜欢一样东西会喜欢得长一点，久一点，而不是浅尝辄止，见异思迁。

“别人有 10 盘磁带，我有 50 盘，这好像没什么。别人有 20 盘，我有 100 盘，他们会说我的磁带多。我有 1000 盘的时候，他们说我痴迷。我有 10000 盘的时候，他们已经把磁带都扔掉了。我之所以成为小众，其实是因为大众把自己原来的喜好丢掉了。我没有移动，是他们后退了一步。”东方说，这其中也有一个时间节点，就是上世纪 90 年代的时候，CD 开始流行，同龄人不再翻阅年少时拥有的东西，认为没用了，就全扔掉了。后来有了 MP3，磁带就更是被弃如敝履了。身边也有人喜欢黑胶唱片、磁带，但毕竟是少数。曾经珍爱的东西就这样一去不复返了。东方现在还买磁带。他刚刚在淘宝上买了两盘，全新未拆的，非常罕见。很多人认为 CD 好听，但有一些人更喜欢磁带声音的还原度。

蔡琴说过 :“你想没想过，这个阵地是你们放弃了。有了孩子，你们做了厨娘，做了主妇，就不再去把自己的爱好坚持下来……”东方倒不是要刻意坚持，而是不轻易放弃。他的兴趣还是在老磁带上，后来的就不太关注了，一是和自己的成长经历没有太多共同点；二来，就像一位香港乐评人说的，流行歌曲低龄化了，歌手没有经历太多的世事变化，从他们的歌里听不出感动。

东方现在还在用一个三洋录音机听音乐。这是 1995 年时他花两千多块钱买的，双卡的全智能卡座，非常昂贵。磁带成了化石，录音机成了文物，因为配件找不到了，录音机一旦坏了就等于宣告死亡。希望东方珍爱的三洋录音机是一台不会停止的永动机，一个爱音乐的灵魂永远能在那里听到遥远的梦的回声。

从广播到电视，再到现场，父女两代人以不同的方式共同经历了中国体育史上的大事件。《环球体育》《足球俱乐部》以及各种海报、欧洲足球队队旗，被一个女孩珍藏至今，这是她的青春记忆。

实物提供：刘莎莎

# 那些年，我迷上了体育

讲述：刘莎莎

1999年，正在上小学五年级的我，开始疯狂地迷上体育，迷上那些赛场上的铁汉柔情，迷上那惊心动魄的感觉，迷上失望之后重拾希望的期盼，迷上熬夜为运动员送上祝福的青春岁月。

看看这些有些泛黄的记忆，《体坛周报》《足球俱乐部》《FI速报》及各种不同种类的特刊、海报、欧洲足球队队旗，你能想象出它们的主人是一个女孩子吗？

虽然现在从事的工作和体育一点关系都没有，但是这些物件和对体育的热爱，却伴随了我整个少年、青年时代以及现在，或许还有未来。

## 一、看了体育节目，我会写作文了

1994年上小学的我，最发愁的事情就是写作文。在二年级的暑假，老师让我们每天交一篇日记，我那时的日记本如果现在还能找到的话，会被大家笑掉大牙的，因为几乎每一篇都是一两句，比如“今天我和姐姐出去打羽毛球了，我玩得很开心”。但是，也记不清是从什么时候起，我的作文里多了一些人物、一些事件，都是关于体育的。

小学一年级时，父母重新装修了家，把家里的21英寸彩电换成了29英寸的长虹牌电视，从此这台电视在大部分时间里都被定格在

CCTV5。因为父亲是典型的体育迷，基本上所有的体育比赛和节目他都要观看，而当时的我只是被动地跟着看，有时候非常无奈和费解，不明白 22 个人抢一个黑白格的球——这样的游戏到底有什么意思？电视台偶尔转播有中国队参加的比赛时，我才会有一点兴趣。但是有关体育的事件和人物，已经不知不觉地出现在我的作文中，而这些不经意的点滴记录，不仅让我觉得写作文没那么难了，也让我慢慢迷上了运动带来的激情与感动。

1999 年的女足世界杯决赛，是我的早期体育记忆中印象较深的一次。那是 20 世纪最后一届 FIFA 女足世界杯，成为女足发展史上的一座里程碑，也是中国女足最辉煌的时刻。决赛那天，一大早，我就起床观看，还不停地叫喊，把正在睡觉的父母都吵醒了。在常规时间内，中国和美国踢成了平局，经过残酷的点球大战，中国队以 4 比 5 负于美国队，屈居亚军。快 20 年了，我至今还记得当时那批黄金一代的女足队员的失望与泪水，孙雯、王丽萍这些名字都留在了我的日记本中。我记录下

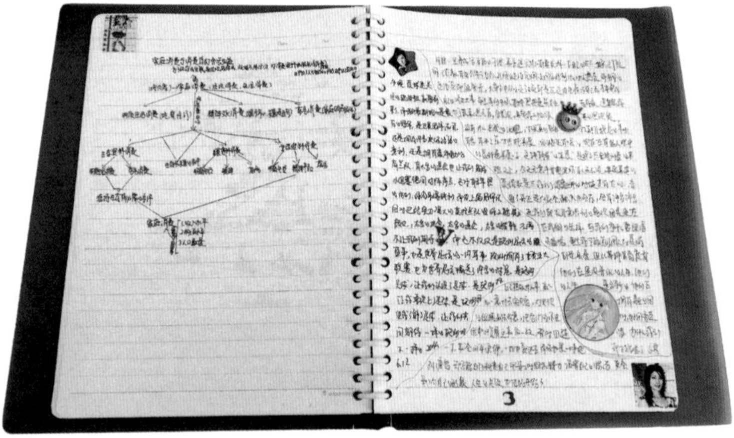

体育笔记　刘莎莎提供

这些人的梦想与悲喜，也记录下我对于体育的喜爱与痴迷。

2001 年 7 月 13 日，北京时间 22 时 09 分，这个时刻，我想对于很多中国人来说都是难忘而令人激动的。那时的太原，天气炎热，念初中的我，正在假期中，从晚上 6 点的《体育新闻》开始，我的注意力就一直盯在 CCTV 上。我看着电视上评论员分析中国申奥成功的各种指标，期待着远方传来胜利的消息。在萨马兰奇主席宣布“China”时，我激动地跳上床，大喊：“我们成功了！”当时，全国人民都沉浸在申奥成功的巨大喜悦之中，而这段故事也被我写在了暑假作文中。时过境迁，申奥成功都快过去 20 年了，我们又将在 2022 年举办冬季奥运会了，而对中国首次申奥成功产生重要推动意义的何振梁先生和萨马兰奇先生已经去世，但 2001 年 7 月 13 日——那个时刻，那种场景，那份激动，依然清晰可感。

还有太多的体育事件和人物持续出现在我整个学生时代的作文中：2000 年的悉尼奥运会、FI 世界一级方程式锦标赛、西班牙网球公开赛、足球世界杯等重大比赛，刘翔、李小鹏、姚明、罗雪娟、巴拉克、萨芬、舒马赫、索普等体育人物……最初，这一切只是单纯的素材来源，后来我加入了真情实感，每一字、每一句，都代表着我的尊重、我的热爱，还有喜悦和失望。我年少时的青春与梦想都藏在这些与体育有关的文字中。

## 二、想当体育记者

每个孩子在年少时都有一个梦想，一个也许永远都无法实现的梦想，但是成长的美好与奋斗的努力，却会深深影响每一个人成长的轨迹。天天看 CCTV5 的我，就把做一名专业体育记者定为自己日后的职业目标。

从 2002 年韩日世界杯开始，成为体育记者的愿望就一直伴随着学生时代的我。当时我最喜欢看的报纸是《体坛周报》，这份报纸每周出

3 期，每期 1 块 5 毛钱，是国内权威的体育类报纸，文章和评论特别精彩，新闻量巨大。为了能把每一篇文章都看完，我把报纸平铺在课桌上，遇到自己不喜欢上的课就偷偷看几篇。看完比赛之后，自己也经常写一篇文章，和周报上的文章进行比较，看和人家的差距在哪里。

当时我的目标是做一名专业的足球体育记者，以及一名足球解说员。那时 CCTV5 的解说员黄健翔、刘建宏、韩乔生、段暄，都是我的奋斗偶像，每周一的《天下足球》、周四的《足球之夜》，绝对是我必看的节目。这两个节目的播出时间都是晚上 19:30 到 21:30，而上初中的我，下了晚自习是 20:10，每到这两天，我总是提前收拾好书包，下课铃一响，就飞奔回家，争取能多看几分钟，现在想想真为自己的执着而感动。《足球俱乐部》杂志也是当时必买的杂志。回忆学生时代，我的零花钱应该都奉献给了我钟爱的体育新闻，从报纸到杂志，从队旗到纪念品。

在高考报专业的时候，我填报了北京体育大学体育新闻系，遗憾的

《足球俱乐部》杂志　刘莎莎提供

欧洲各大豪门照片　刘莎莎提供

是分数不够，只能留在太原本地上学，也未能如愿上新闻学专业，不知什么原因，我被调整到了影视多媒体专业。但是我一直没有放弃成为体育记者的梦想，2008 年奥运年，我大二实习，就选择在《太原日报》政教部工作，经常和跑体育口的记者一起去学习采访。

时光一晃而过，现在，我已经找到了人生的另一个坐标，从事体育记者的梦想渐行渐远，但是近 10 年的努力，给我的人生带来了不一样的意义，奥运会“更快、更高、更强”的精神对我日后的工作产生了很大影响。学习写体育评论与研究体育历史文化的经历，给我现在的事业提供了素材。今天，成为体育记者已经不再是我追求的目标，但是对于体育的热爱，一直未间断。

2008 年 8 月 17 日，一家三口在鸟巢前挥舞国旗为奥运喝彩　王映东提供

三、体育成为生活中最美的寄托

看着这些青春年少时自己喜欢的杂志，上面的面孔有一些已经叫不上名字，曾经的赛场英雄多数已回归平凡生活，在另一个维度上延续着精彩。而我自己依然还支持着最爱的德国足球国家队，依然还看《天下足球》。巴拉克、克洛斯退役了，曾经喜欢的足球解说员现在也离开了，换了新人，变了新声。

爱上体育来自于父亲的影响，但父亲年轻时，可不像我看比赛这么容易。父亲说，在他的少年时代，不是看比赛而是听比赛，那时家里没有收音机，他就趴在窗户上听别人家的，有时候一听就是两三个小时，冬天也如此。

从小我就爱和父亲讨论体育新闻，也从父亲那里知道了我出生前的一些重要比赛和人物，比如著名解说员宋世雄、中国乒乓球选手庄则栋等，他们填补了我的体育认知空白。

父亲特别希望能去现场观看比赛，去感受激动人心的氛围。明年第二届全国青年运动会将在太原举办，我希望我和父亲有机会到现场观看。我还希望等父亲退休后，可以请他去欧洲看足球，去美国看 NBA，去日本看奥运会。期待着 2022 年中国冬奥会的召开，期待着仍在昏迷中的前 F1 世界冠军舒马赫早日苏醒。

把最美好的祝福送给这些年给我带来欢笑与泪水的体育和我爱过的运动员。

这件舞裙定制于 26 年前。蕾丝长袖、漂亮的褶皱、水钻、亮片、裙摆上的流苏……这些元素放到今天也依然抢眼。1993 年，马洁正是穿着这件战袍，与左根生一同参加了亚太地区国标舞锦标赛，并获得亚军。

实物提供：马 洁

# 飘扬的拉丁舞裙

讲述：马　洁

采访：李　莉

这件 26 年前定制的舞裙依然靓丽抢眼：黑色弹力蕾丝长袖，抹胸以鲜亮的粉红色织锦缎打出漂亮的褶皱，裙身上的水钻和手工缝缀的亮片依然闪亮，裙摆上很有垂感的粉色流苏在撩动的一瞬间从手上灵动地顺滑下来。可以想象这裙子随着舞者肢体摆动的爆发力飞舞起来的奔放画面。

1993 年，正是穿着这件战袍，马洁参加了亚太地区国标舞锦标赛，并获得亚军。

## 一、小荷才露尖尖角

马洁从小就喜欢跳舞，14 岁考入太原市歌舞团，成为一名专业舞蹈演员，开始学习民舞、芭蕾、现代舞。在歌舞团女演员中，身高 1 米 68 的马洁，因为个子太突出，排舞蹈参演的机会不多。她在坚持苦练基本功的同时，一直在寻找一个突破自我的机会。

1985 年，她被选调到省歌舞剧院参加张继刚导演的现代舞剧《搭错车》的排演。对于马洁来说，这次演出最大的收获是认识了她的舞伴，也是她的人生伴侣——左根生老师。这次锻炼大大提升了马洁的专业水平，回到市歌舞团后她的演出机会多了起来，和左根生一起创作了民舞《蝶恋花》《小姑娘与亲家母》。上世纪 90 年代初，现代双人舞《拼搏》、民舞《走西口》、集体现代舞《时代青年》获得山西省文化艺术节大奖，其中《拼搏》还获得山西省杏花奖。马洁成了歌舞团的尖子。

1990 年春季，一位朋友跑来借用市歌舞团排练厅。马洁好奇地看了朋友的排练，被拉丁舞这种新型舞蹈吸引住了。朋友还给她透露了一个消息，说北京有老师要来太原进行体育舞蹈培训，其中就包括拉丁舞。马洁拉着左根生到了大南门西北角的唐明饭店，把两个人近两个月的工资凑了起来，交了 260 元培训费，开始了为期 10 天的训练。培训期间，左根生曾兴奋地和马洁交流："我们一定会出名的！"

## 二、梅花香自苦寒来

培训结束，回到团里，马洁和左根生白天上班，晚上等大家都睡了，才偷偷溜进排练厅，练习国标舞。当时国标舞在太原是个新兴事物，可借鉴的经验和影像资料少之又少，他们想尽一切办法去学习拉丁舞，不断参加全国比赛，学习舞蹈技巧，学习化妆，学习服装搭配等。

为了解决参赛费用，马洁和左根生四处演出，歌舞厅也不拒绝，经常是跳完一场连一口水都顾不上喝就骑上自行车往下一个演出地点赶，带着汗水又登上舞台。最多的时候，一晚上能跑 7 个演出场所。马洁说："为了跳国标舞，我拼尽全力了。"

上世纪 90 年代初，太原人对国标舞还知之甚少。在歌舞厅看到马洁、左根生的表演，观众很震撼，不过这种震撼更多表现在对舞蹈者服装和身体的好奇上。马洁和左根生顶着压力，无论面对什么样的观众，都坚持呈现出专业的、高难度的表演，带领观众在拉丁舞中感受美，感受艺术。随着两个人声誉日隆，收入也增加了，不过每次有了钱，他们就会参加更多的专业比赛，所以钱总是不够用。

1990 年 8 月，受山西省舞蹈家协会委派，马洁、左根生代表山西赴青岛参加中国第二届国际标准舞大赛。在这场比赛前，马洁收到了第一笔来自企业的赞助——新星大厦赞助了本次比赛的差旅费用。比赛前，从来没做过针线活儿的马洁模仿影像上的演出服，花 50 元买来布料，一针一线缝制了自己的第一套比赛服装。国标舞服装的特点是裸露，以表现出身体的曲线美。为了创造朦胧的效果，马洁别出心裁地把一条黄色的纱巾缝在胸罩上。没有裙摆的流苏材料，她灵机一动，就用家里的旧毛线剪成一截一截等长的穗儿，再和左根生把毛线一根一根缝在短裤上。就是穿着这件 50 元的自制演出服，马洁获得了新人组亚军。

这一年，全国国标舞赛事如火如荼，马洁的眼界宽了，经验更丰富了，比赛成绩一步一个台阶。省体委请来全国国标舞甲组冠军王克、李桂卿为马洁和左根生进行辅导。他们的舞技如虎添翼。

1991 年，山西省体委组队派选手去北京参加全国首届体育舞蹈大赛，马洁和左根生获得乙组冠军。比赛结果极大地鼓舞了她的比赛信心。1992 年，马洁、左根生获得全国第二届体育舞蹈锦标赛乙组公开赛冠军；1992 年参加国标舞精英公开赛，获得甲组亚军；同年在淄博举办的国标舞邀请赛上获得甲组冠军；1993 年，在武汉举办的全国第三届体育舞蹈锦标赛中，马洁、左根生获得职业组冠军。

## 三、一场终生难忘的比赛

真正的考验在 1993 年。国家体委分别从深圳、北京、山西选送 3 对选手到新加坡参加亚太地区国标舞锦标赛，马洁和左根生入选。

比赛服装必须与国际接轨，但是马洁、左根生此前并没有为此做特别的准备。在这期间，一次全国比赛中，主办方在开赛前特邀一对日本国标舞舞者进行开场表演，这对演员一出场，马洁立刻被女舞者的服装吸引住了——“穿上这身衣服跳舞，那得是什么感觉！”

比赛休息空档，马洁和左根生找到了这对日本表演者，好说歹说，让人家把衣服让出来。商量到最后，马洁以 7000 元人民币买下了这件舞裙，左根生的男装花了 5000 元。那可是刚刚叫响“万元户”的年代，两个人居然花一万多块钱买演出服，真是疯狂之举。为了国标梦，一向节俭的他们毫不犹豫地买下了这身演出服。

钱都花在了衣服上，鞋子怎么办？为了配得上闪耀的国际舞台，马洁在自己的舞鞋上仔仔细细地粘上一颗颗水钻，和上万块的比赛专用鞋相比，毫不逊色。

虽然久经沙场，但是这次代表国家出征，马洁和左根生的内心压力还是很大。马洁个性内敛持重，表面看不出任何紧张，内心却忐忑不安。比赛当天，当他们穿着这身国际范儿的演出服一亮相，观众马上就把热

1993 年，左根生、马洁参加亚太地区国标舞锦标赛获得亚军　马洁提供

烈的掌声送给他们。马洁、左根生很受鼓舞。几场比赛下来，场上的中国观众热情越来越高涨，他们的表演也渐入佳境。两个人完全陶醉在国标舞当中，进入了忘我的境界，最终获得亚军的殊荣。

当五星红旗在赛场上徐徐升起的时候，场上的华人观众肃然起立，马洁第一次感受到作为中国人的国家使命感，她回忆道：“为国争光的自豪感令我永生难忘。”

马洁说自己就是为舞蹈而生的，只想认真做好每一件与舞蹈相关的事。

莲花落，是深入太原人骨髓的家乡印记。曹强先生一生致力于太原莲花落的传承与发展，改革开放以后，他更是让这朵曲艺之花绽放出新的活力。上世纪80年代中后期，太原的大街小巷都在播放着他的说唱；90年代，他的正式出版物就有7盘；2011年，他被授予国家级“非遗传承人”称号。2013年11月，他举行收徒仪式……曹强先生带给人们的欢笑，仿佛仍然回响在陈家巷11号院。

实物提供：曹笑言

# 陈家巷 11 号

讲述：曹笑言　王名乐

采访：闫　英

陈家巷位于都司街中段东侧，东起庙前街，西至都司街。在曹笑言的记忆中，一段久远的时光与陈家巷 11 号紧紧相连，从小院里传出的阵阵欢声笑语至今萦绕在她的脑海中，挥之不去。

## 一、大院里的消夏晚会

陈家巷 11 号院是爷爷当年买下的，光院子就有 800 平方米，一家祖孙三代十几口人，最初全都住在这里。在曹笑言的记忆中，背着书包下学以后，要走过一段长长的路才能到家。

在上世纪 60 年代中后期至 80 年代后期的这段时间里，陈家巷 11 号是附近那一片居民向往的地方。起初是自己一大家子人吃完饭在院子里自娱自乐，后来爷爷、父亲及叔叔们的同事、朋友也会被这里浓厚的艺术氛围吸引过来。特别是夏天的夜晚，这里热闹得就像举办消夏晚会一样，邻居站着一院子看演出。为了让大家有施展才华的地方，爷爷曹广明特意在院子中间的防空洞上搭建了一个小小的舞台；父亲曹强当时在太原市曲艺联合会任相声演员，他演出的相声、山西梆子、莲花落、样板戏都很受欢迎；三叔曹立在省曲艺团工作，精通各种乐器，无论是

陈家巷　闫英提供

西洋乐器中的大提琴，还是民乐里的三弦、琵琶，用起来都得心应手，业余时间创作的相声剧、小品、快板、舞台剧多次在全国曲艺大赛中获奖；此外，还有爷爷演唱的太原秧歌、邻居一家表演的杂技、四叔曹有真的二胡演奏、姑姑曹有梅的琵琶演奏。山西省曲艺团、太原市歌舞团、太原市曲艺团的一些老演员，比如著名扬琴演奏家曹明元、琵琶演奏家王中效、被称为“天才舞蹈家”的陈东海、报幕的太原市群众艺术馆馆长刘界远，也都来凑热闹。当年还没有上小学的曹笑言，就学会了样板戏《沙家浜》片段，混杂在大人中，开始登台演出。

那时候既没有电视机、收录机、音响，也没有 VCD、DVD、影碟机、家庭影院，更别提便捷的网络生活、发达的通信工具，连收音机、半导体都属于奢侈品。也正因为如此，这一群志同道合的人才会聚集在陈家巷 11 号，吹、拉、弹、唱、说、跳，玩得不亦乐乎。他们中间有的是高中生，有的是工厂的工人，有的是专业团队的演员……他们在陈家巷11号接受良好的艺术熏陶，大部分人后来都从事了文艺、曲艺工作。上世纪80年代末，随着城市拆迁改造，陈家巷的住户各奔东西，曹强也早在1982年就和妻子、女儿搬到了晋机宿舍。

## 二、不懂生活的父亲

家在西宫住，距离上班的地方远，曹强每天骑自行车上下班，白天单位很忙，回到家天就黑了。吃完晚饭，姐妹三个先占着桌子写作业。等孩子们睡觉后，这张桌子才轮到曹强用。曹笑言说：“我们早早睡了，不知道他每天到底睡几个小时。等我们醒了，他已经早早起床赶着上班去了。”虽然艰苦，曹强的创作热情却特别高，《卖花生》《臭嘴相亲》《藕根、手表、豆瓣酱》都很受欢迎。

上世纪70年代，很多艺术工作者、曲艺工作者都被分配到不同的行业，曹强在大南门的电信局做钳工，他认真、好学，做出的东西精美得跟工艺品似的。电信局工作要求按时上下班，白天不能干自己喜欢的事情，只能在业余时间坚持搞创作。那段时间，他常常沉默，偶尔找老朋友聊天，打发时间。

改革开放后，曹强回到太原市歌舞团。团里开始搞承包，成立了舞蹈队、曲艺队，到处走穴，走乡串镇，跨省过市，一走就是好几个月，甚至是一年。每个演出队伍都逼着曹强出新作品、好作品。别人演出之余会逛商店、旅游，曹强照旧是演出、逛书店、创作，三点一线。

“母亲给父亲缝了个小背心，父亲回来后，背心口袋装着钱，有钢镚、毛票、粮票，偶尔还有一两张10元大钞。”曹笑言回忆。虽然日子比普通人家稍微富裕些，可孩子们并没有觉得多高兴。

她们姐妹仨从小到大都觉得他不是一个合格的父亲。家里所有的家务活，他既不会做也从不参与。母亲在生活上对父亲全力照顾，嫌他笨手笨脚，也不用他干家务活。父亲不在家，三姐妹觉得很自在，没有人强迫她们背古诗学乐器，学完乐器又要学文化。曹笑言说："父亲是曲艺演员，带给观众很多欢乐，不过不包括我们。他一回家，我们开头稀罕两天，然后就觉得很紧张。"

"我觉得他是为莲花落而生。从年轻时候起，他的生活轨迹就是听广播、逛书店、买书、读书、搞创作。作为家里的一员，他确实对家庭没啥贡献，却为社会留下了宝贵的精神财富。"曹笑言说。父亲在生活中有些迂腐，不善言谈，和别人聊不到一块儿，他一聊就是创作。碰到老邻居和熟人也不与人家攀谈，只面无表情说一句"您好"，就擦肩而过，与他在舞台上的幽默、风趣判若两人。

女儿问他："你怎么不和人家聊几句？"他说："我要回家创作作品。"孩子们会说："你那作品值几个钱？还不是啥也靠我妈。"有时候他刚写出一个新作品，在饭桌上就兴奋地表演起来，征求大家对作品的意见，

1985 年的全家福　曹笑言提供

这时候妻子不感兴趣，孩子们也不热衷。

曹笑言上高中以后，曹强把她培养成了自己新作品的第一位观众。他一边演一边盯着她的反应，要是没笑或是勉强笑了，他就会认为这部作品没有打动人，看到她忍俊不禁或会意一笑，曹强才满意。

## 三、永远的莲花落

作为太原本土文化符号，太原莲花落承载了太原的语言文化，有着独特的社会内涵，是深入太原人骨髓的家乡味道。曹强先生一生致力于太原莲花落的传承与发展，让这朵生于斯长于斯的本土曲艺之花，绽放于并州大地并生根发芽。

曹强先生从上世纪 60 年代初开始挖掘整理起源于佛教、流行于宋代，到民国以后逐渐衰微，50 年代濒临灭绝的晋中落子，使这一民间说唱艺术重新登上文艺舞台。

改革开放后，不仅市场经济繁荣，人们的文化生活需求也不断增长，莲花落也随之大放异彩，各种剧场演出邀约不断，更多太原人是听了家具城的广告“迎泽大街有个家具城……”才了解到曹强这个人以及莲花落这一艺术形式的。上世纪 80 年代中后期，太原的大街小巷都在播放着他的说唱：“俺家的猫不是普通的猫……”90 年代他 60 岁时，真正家喻户晓。很多人找他录磁带、刻录光盘，光是正式出版物就有 7 盘。

1997 年退休之后，曹强先生坚持创作，写出了《送小姐》《市井小唱》《梦游三晋》等诙谐有趣的作品，同时致力于莲花落的传承。他积极参加各项活动，大力推广太原莲花落，又给市政府写了好几份申请、提议，希望得到政府支持，挽救莲花落这一濒危的曲艺形式。在多方共同努力下，2011 年，曹强先生被授予国家级“非遗传承人”称号。2013 年 11 月举行的收徒仪式上，9 位徒弟正式拜在他的门下。他为弟子们起了艺名，

《太原莲花乐曹强作品集》 曹笑言提供

曹强的大褂、快板 王名乐提供

中间统一用“名”，后面依序各取一个字，以“传承、创新、繁盛、莲花乐”为寓意。

在曹笑言的印象中，父亲不像演员，更像个学者。他好学，爱看杂文、历史书，喜欢赵树理、冯骥才，常年订阅《晋阳文艺》《小说月报》《啄木鸟》《十月》等杂志。在女儿和学生们眼中，历史知识从来考不住他。他没事时爱翻词典，有一次和学生争辩起某个字的读音，他坚持说有3种，还马上说出不同读音的字分别在第几页。一查，果然是对的，学生顿时对他佩服不已。

平日里，曹强先生操一口极为标准的普通话。他不爱聊天，不过要是赶上几位老太原聊家常，他就走不动了，人家在那儿聊，他在边上默默地听，记在心上，那些极具生命力的表达也许很快就会出现在他的新作中了。

曹笑言说：“父亲的一生其实很孤独，他一直是一个人在战斗，他的生活和家人没有什么交集。我真正理解他和认识到他的作品意义所在，其实是在他去世后。我是在文章里读懂了父亲，读懂了莲花落。它能跟观众产生共鸣，是因为它和观众的生活特别接近。莲花落难写，因为它有唱腔，有起承转合，还有太原话独有的语言特色。懂得越多，越明白父亲的不容易。”

王名乐在食品街懿曲社表演　王名乐提供

令人欣喜的是，这些年来，莲花落正在复兴。曹强先生的弟子王名乐成为太原莲花落的第二代国家级非遗传承人，太原市委宣传部推出的2018“时代新人”。他和大师兄李名传一直在积极参加各类演出，把莲花落带到各种舞台上。7年的时间里，王名乐还在山西省实验小学课外辅导了100多名孩子学习太原莲花落，而曹笑言也在自己创办的学前教育培训学校的课堂上，积极推广莲花落、快板等极具太原特色的本土文化。

愿陈家巷11号播撒下的艺术种子能在更大的范围内生根、发芽、开花、结果，愿欢声笑语永存人间。

崔健，可谓一个时代的精神符号。上世纪 90 年代初，他来到太原，那粗犷、沙哑的声线，带给人独特而新鲜的感受，聆听着，心里的快乐喷薄而出。曾经，他是一面旗帜，至今，他仍镌刻在无数人的心里。对他的挚爱，经久不息，长盛不衰。

照片提供：杜晓光

# 摇滚，曾让太原沸腾

讲述：杜晓光

采访：邢晓梅

1986年5月9日，是中国音乐史上值得纪念的日子。一个年轻人身背一把破吉他，眼蒙一块红布，穿着绿军装，走上北京工人体育馆的舞台。一曲完毕，欢声雷动。崔健的《一无所有》成为中国摇滚史上不可磨灭的经典。摇滚乐第一次在中国公开演出，上了电视。那是中国摇滚的生日。

1992年2月8日，寒风料峭的太原，一场崔健个人摇滚演唱会几乎掀翻了太铁体育馆的屋顶。那一天，成为太原摇滚歌迷的节日。

杜晓光先生见证了那个让人热血沸腾的时刻。时隔26年，翻出自己当年拍摄的崔健在太原演出期间的照片，他依然心潮澎湃，激动不已。

## 一、"铁粉"把崔健带到太原

音乐发烧友杜晓光可谓崔健的超级粉丝——"铁粉"。1989年，朋友从外地买了一盘崔健的磁带《新长征路上的摇滚》送给他，这张专辑包括崔健的成名作——《一无所有》，这首中国摇滚乐的开山之作，瞬间点燃了他，由此他不可遏制地喜欢上了崔健。1990年，亚运会前，杜晓光到北京购买了一件印有崔健头像的文化衫，穿着它，在北海留影。

“我曾经问个不休——”沙哑、歇斯底里、震撼的声音，对杜晓光而言，是一种全新的感觉，是一座丰碑。

这是崔健在音乐上的创新与建树。那时，中国内地极少有高质量的原创歌曲出现，大部分人都在传唱港台歌曲，而台湾和香港的很多经典歌曲也翻自日本、美国。正是崔健的出现，打破了这种过度效仿和照搬的音乐链条，用摇滚这种舶来品与中国民族文化进行了一次跨国界的融合，在摇滚的节奏中加入中国传统的音乐元素，用呐喊与嘶吼，向人们传达出摇滚乐的叛逆与张力。同时，崔健的歌词真实、激昂、蓬勃，宛如诗句，又像是利剑，充满了唤醒心灵的力量。

随着改革开放的深入，社会在走向开放、多元、和谐的进程中接纳了崔健，接纳了摇滚乐。

杜晓光一直想把崔健带到山西，正在此时，1990 年崔健举办为亚运会筹款的“新长征路上的摇滚”国内个人巡回演唱会，反响很大，受到各界人士的瞩目，再次点亮了中国大陆的摇滚乐坛。瞅准这个时机，杜晓光与山西省公关协会、太原市南城区文化馆携手，邀请崔健来太原举办个人演唱会。经多方努力，这个愿望终于实现了，1992 年 2 月 8 日，“新长征路上的摇滚”——崔健太原演唱会在太铁体育馆成功举办。

## 二、太原，掀起一场音乐狂欢

太原，掀起了一场音乐的狂欢风暴。“灯光熄灭，观众集体点燃打火机，那个场景令人难忘。当灯光再次亮起，崔健的一声‘你何时跟我走’，点燃了整个太铁体育馆。现场观众足有 5000 人，走廊里也站满了人。全场观众站立，挥手，根本坐不下来，兴奋无比。《一无所有》《新长征路上的摇滚》等经典曲目，使个人演唱会成为一场大合唱。场内没有看客，观众与崔健一起呐喊，演唱会俨然成了崔健与全场观众共同创作的

1992 年，崔健演唱《一无所有》 杜晓光提供

一部作品。那一刻，人们将自己的情绪，百分之百地宣泄、释放。以往的音乐会叫欣赏、聆听，而崔健的摇滚则是共同创作。就像是一场足球赛，虽然看不清球员的模样，进球的瞬间也不一定能看清，但现场观众可以感受到一种让人沸腾的足球氛围。崔健的摇滚也具有这样的效果。我曾多次听过他的歌曲，但就是想到现场去感受那份澎湃的激情，感受生命的呐喊，感受心灵的呼唤，感受摇滚的魅力。”回忆起当年的盛况，杜晓光的声音因激动而略带嘶哑。

演唱会结束了，但现场观众意犹未尽，不停地呼喊着崔健的名字。有很多歌迷没买到票不能进场观看，但仍长久地驻足场外，直至演唱会结束都舍不得散去。观众中既有高校学生、机关职员，也有普通青工，还有留德博士、美国留学生，据说有位兰州的粉丝，是辗转搭牛车、坐火车、乘汽车，千里迢迢赶来观看的。杜晓光说，自己在北京中医研究院做研究员的姐姐放寒假回家，也来到现场。她第一次现场听崔健的歌，竟然也很喜欢；同学的弟弟和一帮朋友整晚则又唱又跳。演出现场就像一个“高压锅”，长久地沸腾着。人们在崔健的歌声中突然找到一个宣泄口，这是人们从未有过的体验。

杜晓光认为，崔健的这场演出是开放的，具有颠覆性的，在太原的音乐界、文化界、艺术界、新闻界引发了巨大冲击，当时的太原通过崔健这扇窗口，在流行音乐上，在西方最新的音乐表现形式、演出形式上，与国内一线城市达到了同步。

### 三、从喜欢崔健到研究崔建

崔健的摇滚具有可望而不可即的穿透力，代表着整整一代人曾经的青春与追求，一种能够在纷乱中自持而不变的渴望与梦想。在密集的鼓点和诗化的歌词中，总有一种热烈的感觉在眼中涌动。

为什么成千上万的人追随崔健，狂热地喜欢崔健？杜晓光一直在思考这个问题。30 年来，杜晓光从单纯的喜欢，转入对崔健音乐现象的研究。他认为作为一种特殊的社会现象，崔健值得研究。

杜晓光认为，摇滚从来就不只是一种音乐，它是一种精神、一种生活方式、一种世界观。喜欢摇滚的人也多半不是一般的追星族，他们是在用歌声、器乐倾诉一种生活和思想。中国的摇滚成功地借鉴了西方的流行音乐形式，结合中国传统文化的民间音乐艺术及伤痕文学、反思文学，对社会的文化艺术形态进行整体反思，为人们带来了一种独特的个人思考和体验，同时找到了一种自己热爱的、恰当的艺术表现形式，传达了自己的情感。

崔健的歌，曾让一代人沸腾。“崔健是一名真正的艺术家，是中国少有的集作词、作曲、配器、伴奏、演唱于一身的音乐人。对文学、音乐、美术等艺术形式，中国传统缺少自我的反思，而崔健找到了一个极好的表达方式。如果说邓丽君唱出了中国女性的柔情，那么崔健的摇滚则代表了中国男人发自内心的呐喊，他那别样的呼唤与呐喊，爱与恨，给人以力量。《新长征路上的摇滚》深邃广阔而积极向上，是红军战士的呐喊；《南泥湾》是一种劳动号子，有一种力量的穿透感，深入到你的内心世界，通过劳动创造幸福，通过劳动改变生活；《花房姑娘》多了一点儿柔情，透露出上世纪 80 年代青春情感生活的冰山一角，激起了人们表达爱情的渴望，但柔情中也不乏阳刚：'我独自走过你身旁，并没有话要对你讲，我不敢抬头看着你的脸庞，你问我要去向何方，我指着大海的方向。'虽然姑娘有着万千温柔，但一个真正的男人依然拥有自己的理想和追求。他唱的就是我想唱的，说的是我想说而没有说出来的。"

崔健被誉为"中国摇滚第一人""中国摇滚乐教父"，他组建了最好的团队，臧天朔、王勇都曾担任过他的键盘手，腾格尔为他配过器，窦唯、黑豹在他的影响下，为摇滚摇旗呐喊。

崔健的音乐不同寻常，既带有个人思考，也包含着对社会的整体反思，带给人们独特的体验。"记得上大学时，学校组织合唱比赛，我们准备了一个节目《黄河大合唱》，音乐系的同学负责排练，虽然专业，

1992 年，杜晓光与崔健合影　杜晓光提供

但不温不火，始终调动不起大家的情绪。中文系的李杜一看，这可不行！他自告奋勇上台指挥排练。年轻时的李杜和现在一样，也是一头蓬蓬乱发，还说着一口浓重的高平话。他站在体育场中央，手舞足蹈地在那儿比画。经他这一比画，人们立刻就找到了感觉，找到了黄河边上的感觉：‘我们看见了河岸，我们登上了河岸，心哪安一安，气哪喘一喘。回头来，再和那黄河怒涛决一死战！决一死战！’主题一下子就跳了出来，大家一下子就感受到黄河波涛汹涌的气势了。《黄河大合唱》是男子汉的宣言。崔健的音乐也具有这样的感染力。现代社会，缺乏男性的阳刚，而崔健的音乐，充满了阳刚之气，深入到每个人的内心深处。他唱出的旋律与人心弦共振，带领人们走进摇滚音乐的世界。那是呼唤灵魂的声音，摇滚让他们感觉自己仿佛拥有整个世界。”

音乐是打开记忆的开关。40 载岁月流转，中国近代流行音乐快速发展，涌现出大量经典歌曲和优秀歌手，而崔健却长久地驻足在杜晓光的记忆深处。杜晓光对崔健不仅仅是普通的喜欢，而是一种真正的热爱。这种热爱，延续至今，提起崔健，他依然激情澎湃。

## 恣游八极

曾经在崎岖的山路上跋涉，沉重的步履是那样艰辛。不是安步当车，而是别无选择。

驿寄梅花，鱼传尺素，砌成此恨无重数——千年不变的古老生活，被一道道电波带走了节奏。甚至电报、BP 机、大哥大，都已成为历史的陈迹。

不可思议的速度，传递瞬息万变的信息。新技术的光芒照亮了一个时代，照亮了千千万万平凡的人生。

这台9英寸孔雀牌黑白电视，花了214块钱，购于1976年。9英寸的小黑白，在当时绝对算是奢侈品了。它是太原市迎新街六平房宿舍的第二台电视机，为这里的人们开启了看世界的一扇窗，一直被珍藏至今。

实物提供：郭顺元

# 黑白电视

讲述：郭爱川

在“庆祝改革开放40年时尚回响大型实物展”中，这台电视机的出镜率特别高。在上世纪70年代家属区参观时，总有人会停下脚步，细细打量一番。

“这是电视机吗？”

“还有这么小的电视呢！”

这台9英寸电视是我们家的第一台电视，我用打印纸量了量，它的屏幕加上边框，也只相当于一张B5纸大小。

## 一、六平房第二户拥有电视的人家

小时候，我家住在迎新街六平房。六平房是专为太钢职工提供的宿舍，1960年，在建设太钢时搭建的简易工棚的基础上改造而成。

最早看电视要到太钢厂里，一群一伙的小孩子相跟着去。有回看电视我被挤掉了鞋，急得我“哇”地哭出了声。幸好有个男孩子摸到鞋递给了我，不然我就得光着一只脚回家了。

当时宿舍区有三四百户人家，第一家有电视的是6排的赵二毛家，他家只有一个孩子，条件好负担轻。我们家5个孩子，大哥26岁，刚结婚不久，二哥也上班了。看到别人家有电视，我们好羡慕，尤其是二哥闹腾得不行，缠着父亲非要买电视。

父母当然不同意，六平房能比上赵二毛家的有几户？虽然父亲是六级工，每月挣 78.25 元，还算不错，但买电视谈何容易。可是经不住二哥一再闹腾，父亲终于松口了。二哥即刻奔往忻州，他听人说那里有电视卖，结果扫兴而归，原来消息有误。最后，还是和我们在一起玩的龙龙家姐姐透露给我们一个内部消息，她在迎新街商场当售货员，说商场刚进了一批电视机。二哥赶紧去，这才买上。就是这台孔雀牌电视机，黑白的，花了 214 元钱。时为 1976 年。

## 二、电视搬回来了

当年的电视机可是个稀罕物。这台电视也让我们家在宿舍出了名。今天看上去小得不可思议的电视机，在当时却有着极大的吸引力。一到点儿，左邻右舍都过来了，家里人小心地把电视摆在窗台边放映，人们就站在院子里一起看，家里容不下那么多人呀，也亏得是平房。一到晚上，把凳子摆在院里，人们坐的坐，站的站，我们全家和邻居们一起看。

有了电视，人们看到了天底下有那么多的新鲜事，世界一下变大了。

买回电视没多长时间，毛主席逝世，来我家院里看电视新闻成了宿舍邻里的大事。人们从电视里看国家大事的新闻，也暗暗为没有了毛主席的国家担心。

没几天大嫂住院生产，大哥抱着电视到医院给嫂子看。大哥的同事小蔡羡慕我家有电视，遗憾自己家看不上毛主席逝世的电视新闻，大哥用包袱皮把电视机包上，专门抱到红楼宿舍，给小蔡家放映了一次。

那些年，我们追过的电视节目印象最深的大概就是 1981 年播出的《霍元甲》了。这部港台武打片，带给人全新的感觉。剧情曲折动人心魄，武打动作酣畅淋漓，粤语歌曲超级新鲜，一时间，霍元甲的迷踪拳，成了小男孩的标配动作，犹如若干年以后的孙悟空照妖探路时的亮相动作，而“万里长城永不倒，千里黄河水滔滔”的歌曲更让人感到荡气回肠，热血沸腾。

## 三、电视变大了

看着看着，嫌电视太小，三哥买回了放大镜，立在屏幕前。大是大了，只是两侧不能看了。再以后，看有的人家买了彩电，三哥就买回了彩色玻璃纸，贴在屏幕上，我们也有彩电了，只不过彩条是固定的，从上至下蓝黄绿排列，分别代表蓝天、黄色的脸和绿草地。要是来个脸部特写，哈，上半张脸是黄的，下半边就是绿的了。

1985年，城市经济改革启动后，人们的手里慢慢都有了点儿钱，改善生活的欲望也强烈起来，彩电、冰箱、洗衣机一时紧俏。1988年，我们家四处托人，才买到了一台29英寸的牡丹牌电视，花了2950元，另加5块钱的出库费。

牡丹电视买回来，替代了家里的9英寸孔雀电视，1989年我结婚时母亲将这个大宝贝电视给我做了陪嫁。之后家里又买了台14英寸的春笋牌彩电，替代了最早的9英寸黑白电视。母亲不要大的，她坚持说她一个人有电视看就行了。

早些年来我们家看电视的邻居们家家户户都有了大电视。说起电视往事，儿时的小伙伴几乎人人都有过到邻居家看电视的记忆，真是又亲切又遥远。

结婚29年来，家里前前后后大概换过5次彩电。2014年，我家搬进高层楼房时，不仅有了70英寸的大彩电，爱人还给家里装上了投影，我们可以坐在家里看电影了，想在哪儿看就在哪儿看，可以将影像投射到墙上，也可以投射到天花板上，哪儿哪儿都是屏幕了。

上世纪 80 年代初，中文打字机出现了。坐在打字机前，按动手柄，随着咔嗒咔嗒的敲字声，打印出来的蜡纸，上面的字体统一，字形大小相同，比铁笔刻的好看多了。有个外国作曲家，从打字机富有节奏的响声中获得灵感，创作了著名的管弦乐小品《打字机》。看来，从打字的节奏中也能得到美的享受。

实物提供：韩石山

# 文印工具的前电脑时代

讲述：张彩霞

提起文印工具，刻蜡版、铅字打字机、手推油印机，这些曾经的文印主力军，已经退出历史舞台多年。习惯电脑操作的人们大概很少能想起刻蜡版、铅字打字机的时代了。

## 一、刻蜡版是技术活也是力气活

1976年9月，我从太原十五中高中毕业。那时还没有恢复高考，当时城市子女就业政策是老大留城，其余的弟妹下乡。就业的办法是统一分配，我是家里的老大，所以就办了留城手续。1977年12月，被分配到一个集体企业——太原钟表厂。

进厂后，先分到零件车间。除了积极干好本职工作，我还发挥高中生的优势，经常主动参与车间和厂里墙报、板报的设计和誊写工作。1980年，厂里成立文印组，将我抽调过去。文印组一共五个人，主要工作任务是刻字、油印厂里的文件和生产报表，还对外承揽一些小型的宣传册。几支铁笔、几块钢板、一枚三角尺、一个简易油印机，就是文印组的全部家当。在组里，我跟着组长杨师傅学刻蜡版。看着师傅一手拿铁笔，一手拿三角尺，在蜡纸上刻写整齐漂亮的仿宋体，再将之印刷成文件或宣传品，我真是羡慕极了，暗下决心，要跟师傅学好这门手艺。

油印机　图片来源网络

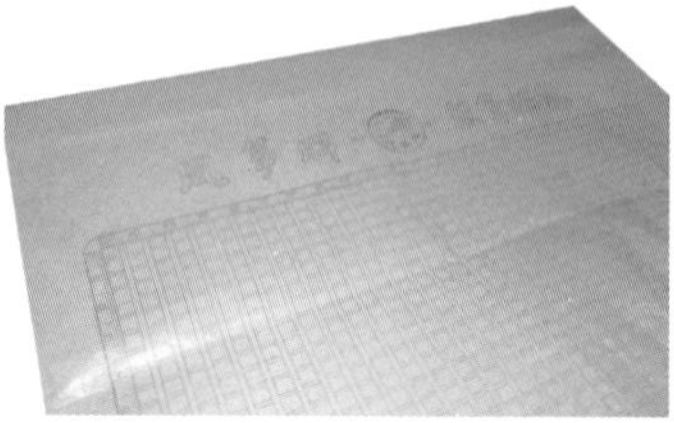

蜡纸　范文海提供

油印教材　刘晓峰提供

刻字看着简单，干起来却很不容易。刻字板是一块带细纹的钢板，铁笔是个像磨钝笔尖的钢针。刻字时，首先把蜡纸铺在钢板上，用铁笔刻写。字写得漂亮不一定能刻好蜡版，还得掌握好铁笔的刻划力道。力道不均匀，印出来的字就不清晰。要是刻错了，就得用烟头或者火柴加热蜡纸，使蜡面融化，等凝结之后，再重新刻。这也是个有技术含量的活儿，温度低了蜡面化不了，温度高了会烧坏蜡纸。最难的是在蜡纸上画图。大面积的黑色，要用铁笔一点点均匀地涂出来，一不留神就会把蜡纸划破，前功尽弃。

刻字是技术活也是力气活，力度不足刻划的深度就不够。在学习的过程中，我磨秃了好几支铁笔，手指上起了厚厚的老茧，不过看到自己刻好的字变成一张张油印资料，心里有说不出的喜悦。

## 二、用中文打字机敲出音乐节奏

上世纪 80 年代初，单位买了一台二手中文打字机。厂里资金紧张，无法安排我去参加打字培训班，我只能自己琢磨。休息时间，我一个人跑到桥头街的一家打字文印店，看人家怎样操作。回来后，我按打印的文稿对字盘进行简单的调整，再死记硬背。一个星期后，我就能用打字机打出简单的短文和表格了。但就是这么简单的工作，也需要至少一个上午的时间。

为了尽快熟悉字盘，除上班不停地练习外，下班后，我还有意多看书看报，一边读一边想这个字在字盘的哪个位置，第二天到了办公室就对着字盘验证。就这样，一个月后，我对字盘就比较熟悉了，打起文章来比以前轻松多了。一篇一千多字的手写稿件，坐在打字机前，按动打字机的手柄，随着咔嗒咔嗒有节奏的敲字声，我两个小时就能完成。打印出来的蜡纸，字体统一，字形大小相同，比铁笔刻的好看多了，工作效率也大有提高，心里特别高兴。

有个外国作曲家，从打字机富有节奏的响声中获得灵感，创作了一首世界著名的管弦乐小品《打字机》。它将真的打字机作为节奏乐器，击打出快速灵巧的旋律。在熟练掌握打字技巧后，我也能从打字的节奏中体验到美的享受。

那时候，我们用的是建设牌铅字打字机和鸽牌打字蜡纸。打字机分为装满倒置铅字的机座与控制打字的机头两部分。打字时，在机头滚筒

五笔字型练习打字机　黄海波提供

专业的英文打字机　郭钧秀提供

上安装好打字蜡纸，顺势旋转一圈，打字机就会“叮”地响起悦耳的铜铃声，表示打字蜡纸已经安装好了。然后，左手在下，移动铅字盘；右手在上，控制机头，左右手协调动作，按动手柄打字。字粒盘有三千多个常用字，旁边还备用一些生僻字。每个字都是反面体（就像看印章的字体一样），用右手操作拣字粒的手柄，用左手操作蜡纸鼓，左右开弓。每操作一次，能在蜡纸上刻一个字。熟练时一般一分钟能打 30 多个字。要是打错了字，就要把蜡纸拆开，涂上修改液，用嘴吹干，重新装好。遇上不常用的生僻字，需搬出备用铅字盒，横找竖找，找到后用金属镊子夹出来，放进机座字盘里。这个过程，时间长短就没法说了，全看打字员对铅字盒的熟悉程度。遇上个别字在备用字盒里找不到，就只好用铁笔在蜡纸上人工刻写。

### 三、油印最考验软硬劲儿

无论刻字还是打字机打字，出来的蜡纸都要放在油印机上印。用油印机更是个累活儿。印刷时，左手捏住装蜡纸的油印机框，不断机械地上下掀动，右手用“软硬劲”推压油墨滚筒。油墨滚筒推快了或者是劲小了，纸上的字迹会偏淡，看不清。油墨滚筒推慢了或者劲大了，不仅纸上的油墨太浓，还会把蜡纸弄破。手艺高超的，用一张蜡纸可以印上千张纸，手艺差的只能印三四十张。关键技术还有绷蜡纸，周边一定要绷紧，不然印不了几张，蜡纸就皱了，褶皱处会出现裂纹，印出来都是黑道子。

油印时一般要两个人配合，一个推胶滚，一个翻纸。技术好的也可以自己印，右手拿胶滚蘸好油墨，压住纱网，用力均匀地推过去，回来时快抬手，让油印机抬起时把纸的边角带起来，在纸抬起来的一瞬间，左手把纸翻过去；紧接着，右手的胶滚又压下去，开始印下一张，全部

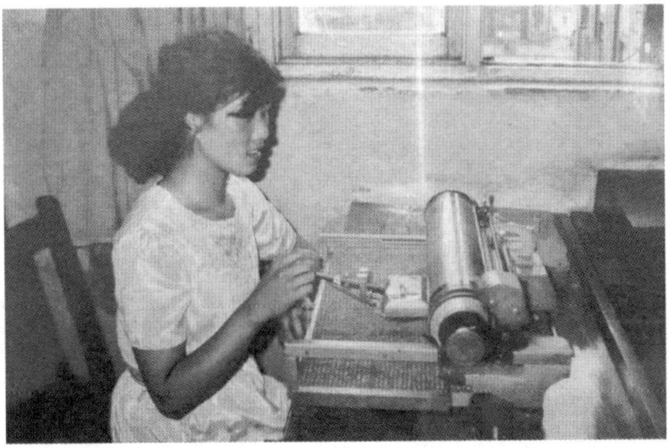

1988 年，在太原日用品工业公司文印室使用中文打字机　张彩霞提供

动作一气呵成。

1983 年初，我们厂的上级主管公司需要一个打字员，我被调入公司文印室。说是文印室，其实就是我一个人和一台打字机、一台油印机。公司与厂里相比，打字工作量大多了。公司各科室的文字材料、统计报表，全是我一个人不停地移动字盘、按动手柄，一个字一个字地敲打出来的。一份文件有数张甚至十数张蜡纸，每一张蜡纸都要靠手推油墨滚筒印出几十份甚至上百份来。遇到公司开会急用文件或年底各科室交总结、报表，我就开始加班加点地打字、油印、装订。这样的工作，一直持续到 1992 年底。

1993 年初，我又调入一个新单位，从事办公室管理工作，告别了文印工作。12 年间，我亲身体验了打字和文印的变化。如今电脑、复印机取代了打印机、油印机，一个命令下去，各种任务瞬间即可完成，数量之大、速度之快，令人瞠目。技术的进步超出了人的想象力。有幸生活在这个时代的人，在见证发展、变化的同时，也丰富着自己独特的人生阅历。

486 处理器

雷鸟

Intel Pentium II 代处理器

从 286、386 的枯燥命令到“奔腾”的绚丽登场，到现在智能芯片的“聪明伶俐”，人类的见识被一次次刷新。从最初的 8086 处理器到现在的智能多核处理器，民用计算机的处理器集成电路规模增长 3000 倍，运算速度翻了 1700 多倍，数据的存储量更是仿佛从小小沙粒变成星辰大海……我们，期待“中国芯”。

实物提供：彭 亮

# 越来越快我的“芯”

讲述：彭 亮

我收藏了从上世纪 80 年代到如今在计算机领域比较有代表性和里程碑意义的计算机处理器芯片，包括 Intel 80387 协处理器、德州仪器支持 Windows3.0 系统的 486 处理器、第一次集成 MMX 多媒体指令集的 Intel 奔腾 1 代处理器、首次主频超过 1GHz 的 AMD“雷鸟”处理器、采用“站立”模式的卡匣式奔腾二奔腾三处理器、采用“超流水线”的奔腾四处理器，以及现在的双核四核处理器。这些处理器基本上为我们展现了短短三十几年计算机技术突飞猛进的变化。

## 一、史前时代

最早接触电脑是在上小学的时候。1992 年春节，小学五年级，大年初二，我们全家去二姨家做客，我见到了二姨夫给大姐买的电脑。当年还不叫电脑，叫微机（微型计算机），这台微机花了两万多块。

按年代推算，这应该是台 IBM386 兼容机。它有两个软驱动器，一个是 5.25 英寸软盘驱动器，能读 5 寸软盘。一张软盘的存储容量只有 720KB 或者 1.2MB，一千张的容量加在一起才相当于 1GB。还有一个 3.5 英寸软盘的驱动器，容量是 1.44MB。没有硬盘。对，你没有看错，那台微机确实没有硬盘。当时硬盘绝对是奢侈品，一块 500 兆的硬盘要卖

5 英寸软盘，3.5 英寸软盘　张玉虎提供

到大几万块钱。

好在当时的计算机系统是比尔·盖茨上高中搞副业搞出来的 DOS 系统，只有一二百 KB 大小，完全可以存放在主机同样小得可怜的内存里。每次开机要先把 DOS 系统软盘插上，运行加载命令，把系统加载一遍，就相当于安装了一遍系统。当年学计算机的哪个不是从 DOS 开始的？不知道现在的年轻人见过这个没有，估计见了直接就蒙了，会跟你说电脑坏了，黑屏了。

那时的电脑很金贵，每一台电脑都带着一个 UPS（不间断电源），开机有严格的顺序：先开显示器、打印机这类外设，再开主机。这其实是为了避免电泳损坏芯片，现在的电脑其实也是有这种要求的，只是电脑价格便宜了，大家也就不那么讲究了，但是我现在还是会告诉我的客户要注意这些细节。

那时的电脑好像除了背命令，也没什么好玩的。大姐的微机上有一个可以背单词的程序，就是一个英文填字游戏，背景是米老鼠。现在大家会觉得这没什么好玩的，可当时黑漆漆的电脑屏幕能有一个彩色的界面，实在很稀罕。在大姐的带领下，我玩了一小会儿，基本上不会玩，但是觉得很有趣。1994 年，我上初中，偶尔跟同学去他妈妈的单位玩过几次电脑。当时电脑上已经出现了扫雷和纸牌这类游戏。

那时的电脑，价格依旧非常贵，一般家庭买不起，所以市场上出现了一种叫“普及型电脑”的东西，有一个显示器，单色的，没有主机，有一个键盘，键盘上可以插卡，有的还可以插软盘，还有两个游戏机上的那种手柄，美其名曰“电脑”，其实它就是个游戏机，玩游戏特别爽。当然也可以装上学习软件学习，主要是背单词，后来改名叫电脑学习机，最有名的是“裕兴”和“小霸王”。1994 年，一台这样的学习机要卖到一千五六。我跟我爸申请过好几次，无一例外都因为“这东西能玩游戏”而被驳回了。现在想来，那会儿是家里经济条件最差的时候，真的没有

“裕兴”学习机　张文颖提供

闲钱。想想当时的自己，不懂事，不知道体谅家人。

拥有第一台电脑是1998年，那时，满大街都在放王菲和那英的那首《相约九八》。

那一年，我考上重点高中，爸爸奖励了我一台电脑，配备16MB内存、2.1GB硬盘、14英寸显示器，装有实达牌奔腾一代233MHzMMX处理器。奔腾是Intel公司民用产品的一个品牌，代表了当时民用处理器的最高档次。233MHz是处理器的工作频率，MMX是当年很牛的一个指标，这三个字母代表处理器具备多媒体功能。什么是多媒体？就是电脑可以在声卡和显卡的帮助下，播放声音和视频。在这之前，电脑都是聋子和哑巴。

这台电脑在当时算是很先进的了，用的是微软Windows95图形化操作系统，再不用枯燥地背命令，点点鼠标即可完成操作。电脑的功能也多了很多，除了冠冕堂皇的所谓学习功能以外，还可以听CD、看VCD，因为它有很先进的CD-ROM光盘驱动器。当时一张光盘的存储容量是650MB，相比1.44MB的软盘，可谓海量。播放《相约九八》和同期流行的《快乐老家》当然不在话下喽！

## 二、以学习的名义玩过的游戏

有了电脑，最大的好处便是趁父母不在家玩游戏。说到游戏，不得不提“仙剑奇侠传”，一款经典到不能再经典的RPG（角色扮演游戏）。我平生第一次通宵玩游戏，玩的就是“仙剑”。

其实电脑在内地尚未普及的时候，“仙剑”就已经风靡台湾。在前些年，“仙剑”的制作公司因为资金紧张而无法完成最新一版设计的消息一经传出，所有的仙剑迷都慌了，后来硬是通过预付游戏款和捐款，支持公司完成了游戏的实际制作。“仙剑”是游戏史上一个不朽的传奇，甚至形成了一种文化。

还有一个游戏不得不提，就是“红色警戒”，简称“红警”。不得不提是因为它是一款可以通过局域网和其他玩家对战的即时战略游戏，从此我们不用每天跟那种傻傻的电脑 AI 死磕了，从此游戏走进网吧。有些人走进网吧是为了看看窗外的世界，有些人走进网吧是为了在虚拟的游戏世界里杀伐天下。最早的网吧一个小时 15 块钱，网速慢得跟蜗牛似的，只有 33.6KB/S，看东西都来不及，怎么可能玩游戏？

## 三、“久病成医”

每天玩电脑游戏，免不了出问题。出了问题不会弄，就三天两头搬着主机往电脑城跑，跑多了就琢磨着怎么装系统。班级里有个圈子，由家里有电脑的同学组成，每天交流诸如“电脑出现什么状况怎么办”“新游戏如何玩”“游戏有什么秘籍”等话题。

我开始嫌自己的电脑太慢了。要升级电脑，资金有限怎么办？于是，自己买配件自己装。为了查一个兼容列表，我能把《电脑爱好者》《电脑报》翻好几遍。这些资料都是蹲在书店看的。为什么？没钱呗。要是有钱买杂志，不就有钱买配件了嘛。

我的高中成绩不是很好，跟电脑有很大关系。上电脑课的时候，别人都在学习，我们几个同学仗着电脑知识丰富，都在玩游戏。玩电脑害人害己，有个同学本来学习不错，因为我带他玩了一回“红警”，从此就一发不可收拾了。一直以来，我都觉得挺对不起人家的，所以后来给他介绍了对象。他现在已经结婚，孩子 4 岁了，比我家孩儿都大。

因为高中学习成绩不好，我后来上了个专科，计算机应用专业。不说哪个学校了，混得不好不想给系主任丢人。上了大学才知道，计算机专业真的是很枯燥，讲的内容还都是 N 年前的。唯一的好时光是上机时间，终于可以痛痛快快地玩了。

老师们都特喜欢我，上机课只要有我在，老师就可以提前回家了。我是上机课的助教，同学们有啥不会的直接问我。系主任人特别好，认为学计算机的学生必须注重实践。在他的鼓励下，我们三个同学在青龙电脑城租了一节柜台，装机卖电脑。当时我们几乎承包了全年级同学买电脑的业务，确实挣了些钱。

直到现在我也不能确定，别人都在学习考证的时候，出来做生意是对还是错。也许当年好好学习考证，人生轨迹会不同。后来学校组织了电脑社团，我给学弟学妹们上了不少课，也不知道有没有误人子弟。

上大学的时候，生活中最大的变化来了，在家可以上网了，虽然网速不快，56KB/S，网费还挺贵。上网的好处就是让我们除了打电话以外，还可以用QQ和邮件联系上你想联系的人，认识新朋友。

## 四、以电脑为生

大专三年，第三年基本就在外面晃，没怎么在学校待。“非典”时期，跟外面联系主要靠网络。老师给介绍了一个单位，是做资源回收的，其实就是把一些单位已经淘汰的设备回收整理，再销售给另外一些有需求的单位，这其中也包括计算机。我主要负责计算机部分的工作，现在看到的这些芯片，有一大半是那时留下的。

大专毕业后，听老爸的话，考了专升本，每天在书店看各种有关电脑的新知识，跟任课老师混得很熟，没事也探讨些技术问题。毕业论文是有关电脑维修的，也许正是这些原因，我才跟电脑维护与维修有了联系。

毕业之后，面试过许多单位，不是人家看不上我，就是我看不上人家。在几家公司工作过一段时间，都跟计算机维修和售后有关。直到2008年结婚，自己出来单干，到今天也有10年了。我服务过的客户数都数不过来，单位也不少。处得特别好的客户（现在叫高粘度客户）有一百多户，跟朋友一样，甚至有的跟家人一样。

不管是销售还是服务，我有自己的原则，就是设身处地为客户着想，不因为自己的利益欺瞒客户，不让客户花冤枉钱，不敢说让钱花得物超所值至少也得物有所值。再有就是绝不以次充好。同行都说这样挣不了钱，确实这些年我没挣多少钱，但是绝对没亏心过。随着近几年电商的崛起和手机的广泛应用，电脑的地位不断被挤压和弱化，实体买卖真不好做，业务也不好，但是我依然初心不改。

虽然每天和电路板打交道，但我相信，不管时代如何进步，人和人的交流还是最重要的。随着消费观念和消费意识的进步，将来的服务业应该朝着个性化、定制化的方向发展。更加深入地分析客户的喜好和习惯，运用自己的专业知识给客户更科学和适用的解决方案，让客户有更好的消费体验，才是服务业的未来发展方向。毕竟，每个人都有一个与众不同的灵魂。

全家人凑够五六万块钱，买上一辆天津大发。上世纪 80 年代，有辆面包车，就有了小金库，天天见钱。1993 年，第一批黄面的正式进入太原市，从此，出租车进入了普通人的生活。

图片提供：太原市出租车公司

# 出租车夫妻档

讲述：寇喜灯

采访：闫　英

改革开放以后，人们的生活有了日新月异的变化，新生事物不断出现。寇喜灯一家也搭上了时代发展的列车，在 1993 年到 2007 年这 14 年间，他们开过黄面的、富康出租车，经历了酸甜苦辣的生活磨炼。

## 一、买辆黄面的，挣点辛苦钱

上世纪 80 年代，兴起于天津，被戏称为“蝗虫”的天津大发微型面包车，开启了中国出租车平民化的历史，江湖人称“黄面的”。1993 年，第一批黄面的进入太原市。据说，车身喷成黄色是为了容易辨识，故而形成了大街小巷到处都是黄面的的城市风景。

看到黄面的，寇喜灯心中一动。她早就羡慕那些来太原蹬三轮讨生活的平遥人了，拉家具、拉货、拉人，拉一趟，十块八块就赚到手了。她和在友谊商店当小车司机的老公刘贵槐合计：“咱买上个面的吧？既可以拉人又可以拉货，不比那些蹬三轮的强？”

一辆黄面的五六万元，凭自己一家肯定拿不出这么多钱，于是她决定和两个弟弟三家凑钱买一辆，合伙跑出租。凑钱只是一个原因，寇喜灯更有拉弟弟们一把的意思。她是家里的老大，下面五个弟弟。父亲于 1989 年去世，全家的日子就靠母亲在太钢“五七”家属厂的微薄收入维持。

还有三个弟弟没有成家，作为大姐的她，必须帮母亲扛起这份家庭责任。

寇喜灯说自己生下来就是操心的命。家里男孩子多，粮食总是不够吃，饿是经常的。买一篮子窝头回来，篮子还没放下，弟弟们伸手就抓，一转眼半篮子窝头就没影儿了。她家住在太钢二十七宿舍机字一排12号，离铁道不远。小小年纪的她，不顾危险，常常和一群孩子跳上火车扒煤扒炭，然后装一书包回去。“看《铁道游击队》的时候，我都笑出来了，和我们一样嘛。”她笑着说。有时候碰到好心人，还会扔给她一包红薯，她高高兴兴带回家和弟弟们饱餐一顿，接下来几天往火车道上跑得就更勤了。

丈夫刘贵槐不仅心疼妻子，更理解她的苦衷。他观察了一段时间，觉得跑黄面的应该是个不错的生意，就在单位办了停薪留职。三家人东拼西凑买了一辆天津大发。又在太原市客运办办理了出租手续，一共花了5万多块钱，连车带手续全有了。

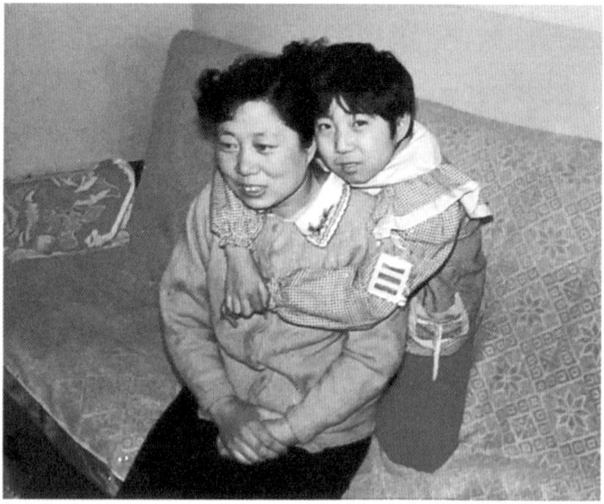

1991年，寇喜灯和女儿合影　寇喜灯提供

车买回来，坐进崭新的黄面的，全家人都高兴得不行。寇喜灯说：“自己家也终于有车了，在邻里羡慕的眼光中，虚荣心得到了很大的满足。可是实际上，那时自己出门办事却从来舍不得开车去，除非遇上亲朋好友有抹不开面子的大事才会开上车去帮忙。”

## 二、有了车，老公更累了

一开始，寇喜灯的两个弟弟都没车本，刘贵槐只能一个人跑车，弟弟们只能帮忙洗车、擦车，晚上陪着姐夫跑夜车。当时靠跑出租挣钱有难度。那时候人们一个月才挣一百多块钱的工资，坐出租车对于普通老百姓来说是一个奢侈的选择。寇喜灯记得：“黄面的起价是 4 公里 6 元，半公里 5 毛钱。很多人觉得有这 6 块钱还不如给孩子买肉吃呢，舍不得打车。那时候打车的，大多是年轻人，还有做生意和拉货的。”

她家住在建设北路 243 号，刘贵槐总是凌晨 4 点多就起床，趁着人少赶到火车站，等来第一班火车，赶紧拉人拉行李。等到十点多没什么人了，就回家吃口饭，或者在外面买点吃的垫补一下。一天下来总得工作十来个小时，非常辛苦。

刚开始跑出租，没有章法，开上车到处瞎跑，既费油又费钱。对客人来说，出租车的好处是招手即停。刘贵槐开车在大街上晃悠着，好容易看到乘客招手了，一停车载客，却被警察逮住，违法停车，罚款是免不了的。不像现在，有专门的出租车停车点，供乘客上下车，司机也不会因乱停车被罚款。后来越开越有经验，有客人拉就赶紧跑，没客人的时候就在火车站、长途汽车站等。尤其是遇到一伙儿一伙儿相跟着来太原打工的民工，扛着大包小包的行李，不打车不行，那生意就更好了。

在寇喜灯的记忆中，老公刚开始跑出租的那两年很辛苦。后来两个弟弟考取了驾照，三个人轮班跑，人歇车不歇，刘贵槐才轻松了一些。

### 三、跑夜车的女出租司机

为了安全起见，客运公司规定，黄面的在晚上 9 点以后跑车必须有两个人，所以那段时间寇喜灯一到晚上就陪着老公跑车，见识了形形色色的人和事，也见证了出租车司机最初的艰难。

由于生意不太好，他们将车卖了买，买了卖，就这么反复折腾了三四次，跑了三四年。随着经济发展，人们的出行观念也开始转变。因为黄面的定价低廉，逐步敲开了工薪阶层乘坐出租车的大门。她说："虽然黄面的和现在的出租车比起来，有些颠簸，座位也不高档，但是大车身、多座位、能拉货是它的优势，好多人搬家都会叫它。太原的出租车行业慢慢开始挣钱了。"

1998 年，品质不高的黄面的由于给城市环境带来严重的尾气污染，被从北京市出租车市场清理出去，继而全国一二线城市也没了它的市场。大约在 1999 年下半年，太原市出租车统一更换。寇喜灯和二弟弟两家又凑了钱，换了辆富康车。小弟弟这次没加入，他觉得跑出租太辛苦，太危险，退出了。

想起当年开出租车的遭遇，寇喜灯至今还心有余悸。因为怕家里人担心，很多年之后她才假装轻描淡写地提起那些往事。

转眼快到 2000 年了，寇喜灯因为心疼老公跑出租既辛苦又危险，自己也考了驾照。因为技术不熟练，白天还得上班，所以她选择了跑夜车。她一直说："其实我不算跑夜车，我家住北大街，我二弟弟住尖草坪。主要是想着能在给二弟弟交车的时候顺便挣个十块八块的。"但这顺便往往就变成了一宿的奔波。

也许是小时候扒火车的经历，让她练就了一身的胆气。开出租车，难免会碰到一些形形色色的人，她总是靠着自己的机智巧妙周旋，化解危险。俗话说，每一个行当都有自己的门道。开出租自然也不例外，有着自己的小圈子或者说“江湖”。因为二弟弟常在阳光大酒店附近拉客人，寇喜灯自然也进入了这个小圈子。大概是十几辆车吧，大家在一起互相照应，排队等客人，外面的车根本挤不进来。有一次，寇喜灯看到相邻的“海霸王”洗浴中心正好没有出租车，就想着赶紧过去拉一单生意。没成想她还没等开到客人身边，就被一辆刚回来的出租车挤了出来。她这才知道了约定俗成的规矩。而刘贵槐常年在亲贤街“佳地花园”等客人，因为人缘好，常常会有人约车。

没客人的时候她就加加油、洗洗车，累了在车里睡一会儿，从来舍不得不挣一分钱就直接把车送回去。寇喜灯说：“哪怕只挣七八块钱，也能给女儿买个面包、笔记本啥的。”

有一年春节前两天，她照例在阳光大酒店门口等着载客，等到后半夜，忽然上来三个小伙子，好像还喝了点酒。她本来不想拉，但又舍不得不挣这份钱，就壮着胆子问客人去哪儿。客人含含糊糊地说去飞机场，等她把车开到机场，他们又让她往前开，开着开着就开到了榆次。

几位客人一路在打电话，寇喜灯判断出这几位客人是相跟着从阳泉来太原玩的，还有几个去了榆次，这天晚上出了车祸。她一边开车一边听电话，吓得腿都软了。到了出事地点，几个小伙子跳下车，把受伤的人抬到她车上，浑身都是血。她吓坏了，赶紧说：“我不认识榆次医院。”小伙子不容分说，给她左一下右一下地指路，让她往医院开去。

寇喜灯战战兢兢地把一车人送到医院。尽管医院竭尽全力，终究未能挽回伤者的生命。她虽然很害怕，但在混乱中也作出了判断：这些人很有钱。为了要回 180 多块钱的出租费，她一直耐心等着他们处理事情。凌晨 4 点的时候，她终于拿上车钱，可以回家了，可黑灯瞎火怎么也找不到回太原的方向。她不敢停车，选了条大路来回开，终于碰到刚上班的环卫工，给她指了回太原的路。好心的环卫工看着她，摇摇头：“你这个女人胆也太大了，大晚上的跑到这么偏远的地方。”

她说：“开出租车，常常会遇到这样那样的事情。有时明明知道拦车的人是酒鬼，不想拉，可是人家拿着砖头就要砸车，只好给人家说好话，再免费把人家送回去。小弟弟跑车的时候，就因为客人不给车钱，和人打了一架。我劝他，不给就不给哇。男人火气大，还不如我自己跑。”平淡的讲述中体现出大姐的担当和勇气。

### 四、不开出租的日子

虽然开出租车很辛苦，又不安全，还时不时被开罚单，但不可否认，开出租车确实也让寇喜灯一家的生活得到了改善。

1993年刚开上黄面的的时候，一切举步维艰。幸亏寇喜灯和丈夫咬着牙一点点坚持，慢慢地收入有了提高。当时他们一个月的收入，能抵得上普通人工资的两三倍。

手头渐渐宽裕了，以前想也不敢想的东西，现在敢想了。1993年，她看见朋友买了一个传呼机，回家跟老公提了一句，结果第二天老公一咬牙，花了2300元，就给她买了当时最贵最好的传呼机。她戴上感觉特别风光。

从1993年至2000年，通过黄面的，太原人开始享受到坐出租车的便利。在家里排行老大的寇喜灯，和丈夫一起开着黄面的，为母亲分忧解难，帮助两个弟弟成了家，过上了幸福生活。

1997年，女儿该上高中了，听说新成立的“三晋女子学校”教学质量不错，也因为他们两口子风里来雨里去地跑出租，无暇抽身照顾女儿，两人一商量，把女儿送到了这所私立学校。每年学费5000元，虽然有些贵，可是让唯一的女儿享受到良好的教育资源，他们心里也是美滋滋的，跑车跑得更欢实了。2000 年，女儿考上了汾阳高护专业，回家跟寇喜灯说起上学的费用，寇喜灯说："咱们不用愁。" 2004 年，寇喜灯请工人把房子里里外外做了装修，彩电、冰箱、洗衣机，音响、VCD，一应俱全。

2007 年，女儿结婚时，寇喜灯、刘贵槐夫妇与女儿合影　寇喜灯提供

2004 年，女儿上班了，在山大三院当护士。家里的花销小了，开了 14 年出租车的刘贵槐、寇喜灯夫妇终于完成了阶段性使命，卖了富康车。寇喜灯说："我老公找了家公司，给老板开小车，省心多了。二弟弟一家还以开出租车为生，今年也随着太原市出租车的更新换代，开上节能环保的电动新能源车了。"

"如果有机会，还想开出租车吗？" 面对这个问题，寇喜灯很坚定地说："太辛苦了，再也不想开了，开够了。现在生活条件好了，能买得起私家车了，我们家也没有买。打车、乘公交、步行，怎么方便怎么来。"

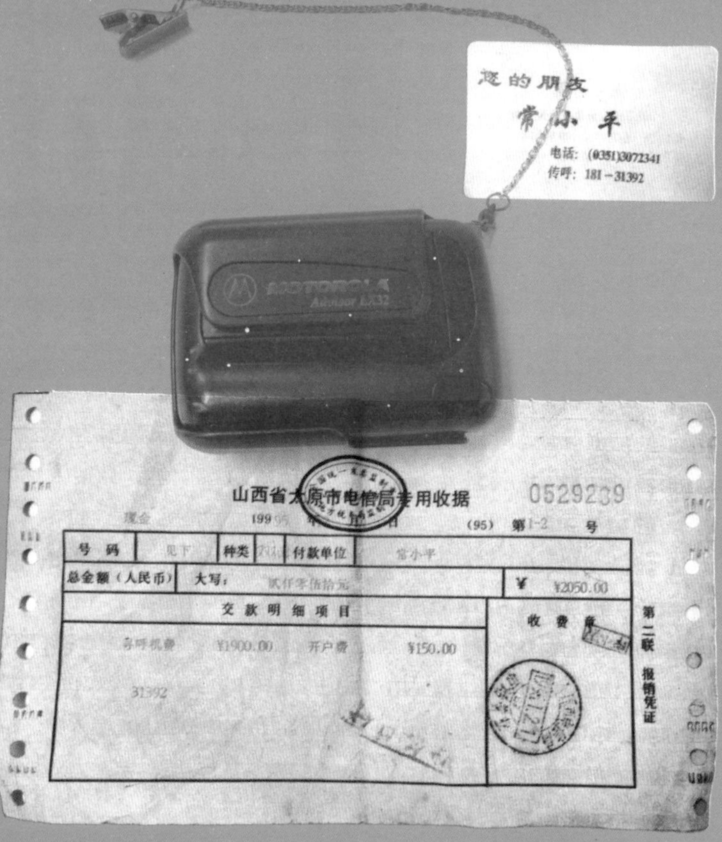


腰间别个 BP 机，让人有一种走在时代前列的优越感，也给人无论走在哪里都和世界相连的安全感。从“有事呼我”开始，普通中国人的通信方式从见字如面的书信走入即时通信。从大哥大到手机，再到智能手机，这是 40 年前的人们无法想象的。

实物提供：常小平

# 有事呼我

讲述：常小平

从拨盘电话到大哥大、传呼机，再到智能手机，40年来，通信变得越来越便捷，并将世界联结成为一个密不可分的地球村。时代在变，通信方式在变，但人与人之间渴望沟通的初心从未改变。

## 一、又害电话了哇

小时候，跟我妈去她工作的印染厂玩。厂里当时有两部电话，一部在传达室，一部在厂领导办公室，两部电话串的是一条线，电话一来，两个电话一起响。每次去了厂里，都惦记着门房的那部电话。趁着看门房的大爷出去，我就偷偷溜进去，拿起电话，听见里头呜呜响，赶紧给人家放下。

那是一部黑色拨盘电话。有电话来了，一般是门房接，对方要找的人，如果工作的车间离厂门近，就让对方等一会儿，门房大爷去叫人接电话。要是找的人离得远，大爷就拿一张纸，问好有什么事，记下来，等工人下班时，交给他。那时候大部分电话都是直接请大爷转告谁谁谁，有什么事。所以看门房的人除了给各个办公室送报纸，主要工作就是拿个小本本，记下哪个电话找哪个人，有什么事。有时候要一直等到工人晚上下班，才能把本本上的内容传递出去。信息沟通非常不及时。

拨盘电话　刘卫萍提供

我的父母是双职工，顾不过来时就把我送回老家村里。那时候村里也有电话了，摇把儿的黑电话。村里能写了字的文化人——一般是村干部，负责这部电话。他还管着广播匣子的开关。电话和广播的开关都在他家。把一个小电闸合上，全村的广播匣子就全响了，除了听新闻，村里有啥事儿也在广播匣子里吆喝。

村里的电话极少，没有重特大事件，一般不响。要想打电话出去，要先摇到公社，再由公社转到县里，县里再转给各单位。公社有个电话转接站，我回太原从公社走，还专门去看过。那儿有一位接线员负责转接。接线员很年轻，口齿伶俐，一个月能挣21块钱，中午管一顿饭。他的收入相当高，村里人一个工分才一毛多钱。但他的工作是24小时全天候，不管什么时间，电话一响马上就得接起来。

在村里，遇到恶劣天气，特别是刮大风，线路经常断，电话不通，广播不通，十天半个月没有外面的消息也是常事。村里条件好的人家能买得起月份牌，当地人叫“日历疙瘩”。要是没日历，也听不上广播时，很多人就不知道何年何月了。回忆孩子的生日，他们会说：“就是对面山上的杏树开花那年生的。”

除了打电话，村里人要跟外面联系，也会写信。几个人都要跟太原的亲戚联系，就凑在一起，你写你的，我写我的，然后几封信装在一个信封里，送到邮局。前提是不能超重，否则再贴一张邮票就不划算了，所以都是长话短说，一张信纸了事。寄到太原以后，收信人负责把其他几封信送到各家。

等长到 8 岁，大人认为我可以一个人去理发了，就给我一张理发票，让我到府西街上的一家理发店去理发。当时理发的价格大人 2 毛 5，小孩子 1 毛 9。理发票交给店员，能找回来 6 分钱。这 6 分钱能干啥？打电话呀。

理发店的墙上，挂着一部公用电话，打一次 4 分钱。我拿起电话，手指插进拨盘电话的小洞里，瞎转上几圈，有时候还真能接通。电话那头有人问：“找谁了？”我随便说出一个同学的名字，对方还真去找了，我能听到电话那头在喊人。多数时候人家一听就知道是小孩子，训两句：“又害电话了哇！”就挂了。我的 4 分钱就这么花出去了。

### 二、到处想办法打电话

1980 年 11 月，我在太原市住宅公司上班了，经常要联系住户维修房子，所以很快就有机会真正打电话了。用的都是公家的电话，公司有三部电话，两个号码，普通工人能在门房打电话。在外面干活，就想办法用人家电话：“师傅，能不能打个电话？”大部分时候是真的联系维修，有时候就是趁着有电话，随便打给亲戚朋友瞎聊几句，以显示我也能用上电话了。

家里装电话的也有，很稀罕。直到上世纪 90 年代初，我认识的家里有电话的人家也不过两个。

一个是我姨父家，高干家庭。他家有一部电话，就是那种黑色的拨盘电话。他们把这电话宝贝得厉害，专门放在一个古董红木架子上，上面很郑重地盖着一块手绢，除了老人家自己，一般人不让动。

还有一个是朋友的老丈人家，也是高干，当时刚退休不久。朋友家老丈人，现在听起来关系挺远的，当时我们可没少沾人家的光。我们要打电话，特别是打外地长途，就到人家家里打。提前一五一十想好要说什么，到了人家家里，先客客气气地打个招呼，然后赶紧说事。虽然麻烦，但还是比写信快。当时我给娘子关电厂的堂姐打过电话，先打到她们厂，再转到车间。他家里串了两部电话，卧室一部，书房的写字台上一部。电话还是拨盘的，但是颜色成了乳白色，特别高级。

上面说的这些电话，都属于内线电话，不能直接打出去，先拨 0，听到里面呜一响，才可以接着打，否则就得等。过了好几年，大公司、高级宾馆才有了自动转接。

那时候打长途电话要先拨 113。到了上世纪 90 年代，单位每个科室都装了电话，市内电话随便打，长途另算。电话机上有锁，平时长途功能锁着，工程、财务部门联系业务时才开。1996 年，单位一个女孩子，找了个对象，是北京的。两个人每天晚上煲电话粥，她就挨着用各科室的电话，就这也没控制住，有一个月打了 400 多块钱，单位要处分她。幸好女孩子平时为人不错，最后没处分，就是警告她不许再随便打长途了。记得当时她为了感谢领导，在单位的聚会上敬了好几碗酒，一口一碗。几年之后，她辞了职，去北京结婚了。

那时候像我这样的一般人，想打电话，要想各种办法，没花过钱。

## 三、有事呼我

1993 年，我换了单位，给建筑公司的总监开车，他的工作是在各个工地跑，处理技术方面的棘手问题。一出门就是十几二十天，家里只知道我出去了，至于去哪儿，什么时候回来，完全不知道。有一次我回到家，家里一个人也没有。我给爱人单位打电话，才知道孩子住院了。赶到医院一看，孩子发高烧，已经住了十几天院，我心里又内疚又后怕，再出门心里就不踏实了，总怕家里有事联系不上自己。

就在那一年，公司给总监配了一台传呼机，汉显的，工地出了什么问题，马上就能找到他。总监坐在车上，他的传呼一响，我的第一反应就是赶紧靠边停车，四处找电话。

当时我在外面还和朋友做点小生意，平时都是通过单位电话联系。有一次我开车和总监一起到工地走了几天，朋友有事儿怎么都找不到我，一着急居然把信息发到总监的传呼机上。

那次差点误了事，又怕总监对我有看法，更担心家里有事联系不上我，这才下决心给自己买了一台传呼机，花了 1900 块钱，那是 1995 年。这是我个人的第一台通信设备，特别当回事，装在皮套里，用一条金色链子拴上，扣在皮带上。为了做生意，我印了名片，很骄傲地把传呼号印在上面。这样不管是家里、公司，还是朋友，就能随时联系上我了。

有了传呼机，走到哪儿，都觉得自己和外界是连着的，心里很踏实。

## 四、大哥大

上世纪 90 年代初，人人都琢磨着做生意，好像每个人手里都有车皮，有钢材，有聚氯乙烯。在澡堂洗澡人们一张口都是两三千万的生意。当然，也有真挣上钱的。我有个表姐，就是做钢材生意的，属于普通人当中第一批富起来的。1992 年初，我结婚时，她已经用上了大哥大，28000 多元，

大哥大　孙向东提供

小灵通、移动双卡手机　吴彤提供

摩托罗拉翻盖手机　赵倩提供

各种手续加起来3万元出头，跟我们当时100多元的工资相比，贵得离谱。

当年年底妹妹结婚，表姐的手机换成了翻盖的，手机号码有好多个“8”。当时她自己买了车，可气派了。

1997年，我有了自己的移动电话，绿色的西门子手机。手机加开户费，不到8000元。司机班六七十个人，我是头一个有手机的。当时一个月工资七八百，移动话费4毛1分钟。刚用上电话，总想打给朋友，所以一个月话费四五百是常事，多的时候打过九百多。

西门子换成飞利浦，有了锂电池；移动电话话费从4毛降到2毛，就觉得打电话不是事儿了。

现在和大家一样，我也用上了智能手机。我用它打电话、上网、发微信、拍照，前些天还学了个新技能——扫描老照片，把家里的老照片扫描以后存在手机里，可以分享，还可以随时连线打印出来。

科技进步太快，不知道咱这辈子还能赶上啥。

# 时间线：向着幸福奔跑

城市飞速发展的 40 年，充满了普通百姓的日常记忆、情感和奋斗。

两条时间线分别展示的是太原市的民生新闻和私人记忆，呈现的是百姓幸福生活与时代进步的关系。

资料来源：

《太原年鉴》（1988 年—2015 年）

《太原日报》（1978 年—2017 年）

物品捐赠人的讲述、日记和账本

创意、编制：

黄海波　刘 爽